LA POLITIQUE RHÉNANE

OUVRAGES DE M. MAURICE BARRÈS

sur les Questions du Rhin

—

Les Bastions de l'Est

* **Au Service de l'Allemagne.**
** **Colette Baudoche.**
*** **Le Génie du Rhin.**

—

La Chronique de la grande guerre
(*Chez Plon-Nourrit*).

MAURICE BARRÈS

La
Politique Rhénane

DISCOURS PARLEMENTAIRES

BLOUD & GAY
ÉDITEURS, 3, Rue Garancière, PARIS
SUCCURSALES

BARCELONE   DUBLIN
Calle del Bruch, 35   20, South Anne Street

1922

Cher Monsieur Bloud,

Vous désirez réunir dans une brochure mes discours de la Chambre des Députés sur la politique rhénane.

Je vous en donne bien volontiers l'autorisation.

Nous manquons d'une doctrine politique. Il n'y a pas chez nous d'esprit public organisé autour d'une doctrine. L'Angleterre, l'Allemagne, l'Italie, ont des principes, des formules concises affichés à toutes les devantures.

Nous, pas.

Voyez l'Angleterre : ce qui lui importe, c'est de rétablir l'équilibre économique du monde et de maintenir ses liens avec ses colonies. Eh bien ! elle a mis ses instincts en doctrine, elle a médité, pensé, organisé sa politique. Pas une convention (et Dieu sait si, depuis trois années, on en signe !) où elle n'introduise plus ou moins en sourdine des principes qui nous obligeront plus tard à dénouer chaque situation dans son intérêt.

Nul ne le lui reproche ; elle obéit à son génie propre. Mais nous, servons-nous de notre intelligence, de notre génie. Dans cet état de crise économique où se trouvent les peuples, nous sommes

*privilégiés. Grâce à notre production agricole,
nous pouvons attendre et par conséquent manœuvrer.
Il faudrait toutefois que nos hommes du gouvernement eussent dans le cœur, dans l'esprit, quand ils se
succèdent au pouvoir, une même doctrine politique,
et que cette doctrine, fondée sur l'intérêt national,
fût familière à tous les Français. Que fait donc le
gouvernement pour l'unification de la pensée poli-
que française ?*

*Nous n'avons pas de politique. En voici des élé-
ments certains, des réalités tangibles : 1° par
sa situation géographique la Rhénanie est destinée
à jouer un rôle entre la France et l'Allemagne ;
elle est un pont entre le Germanisme et la latinité.
— 2° Il existe une culture particulière et une histoire particulière sur le Rhin ; les Rhénans sont
des Germains, mais différenciés par suite de leur
expérience latine. Or, nous sommes sur le Rhin et
nous n'en partirons pas de sitôt. Cela c'est un troisième fait. Sur ce triangle, construisons notre
politique.*

*Je suis tout dévoué à notre Université. J'estime
que la situation matérielle et morale, bref le prestige de ses maîtres, doit être augmenté dans toute
la mesure possible, par respect pour l'Intelligence
dont ils sont les aides. Mais travaillent-ils à constituer une pensée politique française ? C'est pour
une grande part leur affaire. Nos professeurs de
faculté sont autre chose que des distributeurs de
diplômes. Ils ont à élaborer des idées, à être les
centres d'une sage animation nationale. Et dans
les lycées ? C'est là que les enfants amassent leur
plus beau trésor, se font une imagination. Et les*

instituteurs ? Enseignent-ils la question du Rhin, de manière qu'elle soit désormais dans le sang de chaque petit français ?

Veuillez recevoir, cher Monsieur Bloud, l'expression de mes sentiments amicaux.

MAURICE BARRÈS.

Au pied du Monument de Déroulède
à Metz

Le 16 octobre 1921, Maurice Barrès inaugurant à Metz en qualité de président de la Ligue des patriotes avec Louis Barthou, ministre de la guerre, la statue de Paul Déroulède, prononçait le discours suivant qui marque bien la continuité de la pensée française sur le Rhin :

C'est un grand fait, mes chers amis Ligueurs, que pour la glorification de Déroulède nous soyons ainsi rassemblés dans Metz autour du ministre de la guerre et des maréchaux de France. Aujourd'hui, l'œuvre de Déroulède et de sa Ligue, son apostolat patriotique, sa mission de sonneur de clairon, son incessant rappel de nos devoirs envers l'Alsace et la Lorraine sont définitivement jugés comme dans une sorte de cour de cassation par le gouvernement de la République, et d'accord avec Paris, qui fit, à la veille de la guerre, spontanément, des funérailles nationales au prophète de la Délivrance, l'Etat français proclame Paul Déroulède un des grands artisans du retour de l'Alsace-Lorraine à la France.

Verdict suprême de la justice, hommage de la patrie reconnaissante, jugement qu'enregistre l'histoire !

Par son incessante propagande, qu'animaient son âme de feu et sa merveilleuse habileté d'agitateur, Déroulède a fixé aux Français, pour un demi-siècle, le but de tous leurs efforts ; il les a rassemblés dans une même fidélité et dans une seule espérance. C'est parce que les Français étaient unis dans une commune volonté, hautement raisonnable et tumultueusement proclamée, c'est parce qu'ils pensaient toujours à Metz et à Strasbourg et qu'ils en parlaient autant qu'ils y pensaient, que nul dans l'univers n'osa contester les droits des deux provinces délivrées à se jeter dans les bras de leur mère patrie.

Avec son clair regard, Metz a distingué ceux qui ne cessèrent jamais de travailler pour elle ! Ce peuple lorrain, à la fois si noble et si réaliste, et qui cache sous des dehors froids la plus vraie puissance d'émotion se connaît en grandes âmes parce qu'il a été formé à travers les siècles dans les tragédies de la plus grande histoire. C'est ici une race clairvoyante, ennemie des réputations d'un jour, et qui ne s'attache qu'aux actions qui possèdent un caractère d'éternité. Metz a voulu sans retard dresser sur la

Moselle et en travers du chemin séculaire des Germains envahisseurs, la statue de Celui qui n'a pas vu la guerre et que, pourtant, avec les soldats, témoin ici le ministre de la guerre et les maréchaux de France, elle glorifie comme l'un de ses libérateurs.

Déroulède demeurera sur cette place comme un enseignement. Sa tâche n'est pas finie. Il fut l'éducateur de l'opinion publique. Il rendit inutile la propagande d'argent et de mensonge que l'Allemagne ne cessait de poursuivre au milieu de nous pour endormir notre vigilance et désarmer notre force. Qui oserait dire que l'emploi qu'il tenait peut être impunément aboli ?

Ne saute-t-il pas aux yeux que nous avons besoin qu'un nouveau dessein national soit proposé à notre nation ? Les chefs de la pensée française commettraient une faute désastreuse s'ils négligeaient d'éclairer l'opinion publique, d'intéresser le pays aux problèmes dont l'avenir dépend et de donner une direction à l'esprit national.

Voici que nous commençons une nouvelle époque. Les vaincus de 1870 sont devenus les vainqueurs de 1914. Le vœu de Déroulède est comblé, mais les destins de la France ne sont pas achevés. Libérer Metz et Strasbourg c'était bien ; maintenant, il faut assurer la liberté de Metz et de Strasbourg

et leur nouvel épanouissement. Maintenant
que l'arbre est dégagé de ses empêchements et
plonge ses racines dans un sol si tragiquement
labouré, il faut que, plein de sève, il multiplie
ses fruits et dépasse en prospérité ses plus
fameuses saisons du passé.

Nous devons faire fleurir ici une force et
une spiritualité qui débordent la frontière.

**La France ne forme aucun rêve d'impérialisme ;
elle s'en tient aux stipulations du Traité de Versailles ; elle ne veut que son rétablissement, sa
sécurité et la paix du monde. A cet effet, elle
juge nécessaire que la Prusse et le sombre génie
prussien soient à jamais bannis de la rive gauche,
dont ils avaient fait leur camp de concentration,
où nous souhaitons voir s'épanouir comme jadis
un esprit de coopération en place d'un esprit de
guerre.**

C'est là que nous autres, Lorrains et Mes-
sins, nous avons un rôle. Les Lorrains, se
souviennent du temps où ils entretenaient
des rapports d'intérêt et de parenté avec la
grande ville de Trèves et tout le long de la
Moselle jusqu'au Rhin. Il nous est permis
de le rappeler avec un accent d'espérance,
alors que de trop justes haines ne sont
pas encore apaisées. En étroite communion
de pensée avec le président de la Ligue des
patriotes de Belgique, qui a voulu fraternel-
lement aujourd'hui nous apporter son émi-

nente collaboration, nous préconisons une politique rhénane de désarmement moral.

Il faut qu'une idée claire nous anime dans cette Rhénanie que nous occupons avec nos alliés. Il y a un point sur lequel nous ne pouvons pas transiger, un point qui doit constituer le fond même de notre doctrine rhénane et l'objet de nos préoccupations les plus vives et les plus constantes : c'est la création devant l'Alsace et la Lorraine, et jusqu'au Rhin, d'une zone de désarmement moral. Nous ne nous sentirons en sécurité dans nos frontières qu'au jour où nous verrons sur ce sol romain de la rive gauche des esprits apaisés et qui s'opposent résolument aux ambitions prussiennes.

Puisque l'heure de la justice unanime et complète est venue, il faut que devant cette pierre du plus illustre des porte-parole du patriotisme français dans le dernier demi-siècle, le monde se rende compte de la modération du génie de la France. Nous défions que l'on trouve dans l'œuvre écrite ou parlée, de Paul Déroulède un seul mot d'impérialisme ; elle n'est, d'un bout à l'autre, que la plus ardente revendication de la chair dont nous fûmes amputés. Et ses fils spirituels sont assurés de demeurer les interprètes de sa tradition en confiant au cours de la Moselle des paroles où ils mêlent à la volonté de faire exécuter le Traité de Versailles, le désir de favoriser tous ceux qui, dans la

Germanie, veulent sincèrement désarmer.

Quand nous propageons cette idée d'un réveil des anciennes parentés sur le Rhin et sur la Moselle et d'une coopération dans la paix, nous avons conscience d'être les exécuteurs de la volonté posthume de Déroulède, les exécuteurs de cette volonté qu'il nous a tracée dans son *Testament* :

Lorsque nous aurons fait la guerre triomphante,
Et que notre patrie aura repris son rang,
Alors, avec les maux que la conquête enfante,
Disparaîtra l'horreur qui suit le conquérant.

Alors la grande France aimante et sans rancune,
Semant ses jeunes blés sous des lauriers nouveaux,
Fêtera le Travail, père de la Fortune,
Et chantera la Paix, mère des longs travaux.

Comme le pressentait dans ces *ultima verba* le vieux prophète, le nouveau dessein national est un dessein de paix et de travail. Mettons-nous donc à l'œuvre, mes chers compatriotes, pour faire fleurir, au long de la Moselle jusqu'au Rhin, les mirabelliers et les vignes de notre Lorraine, et ranimons au milieu des ruines gallo-romaines l'antique génie latin qui vient d'être dégagé des influences mortelles de la Prusse par la victoire de la France.

LA POLITIQUE RHÉNANE

I

Discussion du projet de loi portant approbation du traité de paix conclu à Versailles le 28 juin 1919.

*Séance de la Chambre des Députés
du 29 août 1919*

M. le Président. L'ordre du jour appelle la suite de la discussion du projet de la loi portant approbation du traité de paix conclu à Versailles, le 28 juin 1919, entre la France, les Etats-Unis d'Amérique, l'empire britannique, l'Italie et le Japon, principales puissances alliées et associées, la Belgique, la Bolivie, le Brésil, la Chine, Cuba, l'Equateur, la Grèce, la Guatémala, Haïti, l'Hedjaz, le Honduras, le Libéria, le Nicaragua, le Panama, le Pérou, la Pologne, le Portugal, la Roumanie, l'Etat serbe-croate-slovène, le Siam, l'Etat tchéco-slovaque et l'Uruguay, d'une part, — et l'Allemagne, d'autre part ; ainsi que les actes qui le complètent, savoir : le protocole signé le même jour par les dites puissances, l'arrangement de même date entre la France, les Etats-Unis d'Amérique, la Belgique, l'empire britannique et l'Allemagne, concernant l'occupation des pays rhénans, et le traité entre la France, les États-Unis d'Amérique, l'empire britannique, l'Italie, le Japon et la Pologne.

La parole est à M. Maurice Barrès, dans la discussion générale.

M. Maurice Barrès. Je voterai le traité. Ce n'est pas que nous n'ayions des critiques à y faire et nous avions compris la paix autrement.

Une telle victoire, si grande et si coûteuse ! — nous comptions qu'elle fixerait au Rhin la frontière allemande et assurerait la garde militaire des têtes de pont. C'est l'idée fixe de l'histoire de France, l'ardente, la tenace aspiration de notre race à trouver enfin la sécurité au Nord, dans les Ardennes, en Lorraine, contre la perpétuelle menace allemande. Comment, au premier moment où nous connûmes que le Gouvernement abandonnait sa thèse de février, la thèse éternelle française, n'aurions-nous pas éprouvé une déception glaciale ?

Et pourtant, je voterai le traité. Comment faire autrement ? Les choses sont engagées d'une telle manière que nous sommes, en fait, déjà dans l'état de paix — et le pays, qui se rend compte des imperfections de cet instrument diplomatique, ne nous suivrait pas, si, en ne votant pas la paix, nous rejetions la France en état de guerre.

M. Marcel Cachin. La guerre n'est pas terminée, hélas !

M. Maurice Barrès. Dans l'état des choses, la

signature, c'est, en quelque sorte, la carte forcée. Mais, j'ai hâte de le dire, je ne voterai pas ce traité sans de grandes espérances.

Ce traité de Versailles, de Metz, de Strasbourg, de la Sarre qui plébiscitera la France dans quinze ans, du Palatinat et de la Hesse qui, pendant quinze ans, connaîtront la douceur d'une collaboration française (*Mouvements divers à l'extrême gauche*), ce traité plein de gloires et de résurrections il renferme des germes de grandeur pour la libre civilisation européenne...

M. Goude. Des germes de guerre.

M. Maurice Barrès... et des moyens de sécurité pour la France, à une condition, pourtant, c'est que ces germes et ces moyens ne soient pas combattus, contrecarrés, infirmés par ceux qui ont assumé le devoir de les développer, à condition que nous ayons une politique rhénane.

Une politique rhénane, c'est là l'objet auquel je bornerai mon intervention. Le traité nous impose d'en avoir une. En effet, il crée, entre nous et l'Allemagne, des rapports d'une forme nouvelle, la forme de l'occupation. Il nous donne par là des droits et des devoirs spéciaux envers une population allemande. Mais oui, des devoirs — aussi bien que des droits — envers les Allemands, car le traité nous a remis pour une part leurs destinées.

Notre interdépendance désormais est certaine. Comment la concevons-nous ? Dans quel esprit, en vue de quel but agissons-nous ? Je viens le demander au Gouvernement.

Et tout de suite, je tiens à le dire pour ma

satisfaction personnelle, ce n'est pas dans un esprit de critique que je pose ces questions. C'est dans un esprit de collaboration et je voudrais pouvoir ajouter, dans un esprit de collaboration amicale.

Si nous avions été vaincus, à cette minute, nous nous déchirerions tous. Que le bénéfice de la victoire soit donc un élargissement d'amitié. (*Applaudissements*).

Voilà trente ans que j'ai commencé de siéger dans cette Assemblée et je n'y ai jamais entendu de débat sur la politique rhénane. Il n'eût pas eu raison d'être. Quand nous étions sur les Vosges et à Briey, la question ne se posait pas. Aujourd'hui, c'est tout autre chose ! Nous n'échappons plus à cette nécessité dès l'instant que nous sommes à Wissembourg, à Sarrebruck, à Thionville. Nous pénétrons dans des territoires qui sont d'un seul tenant et dont souvent l'histoire a proclamé l'étroite cohésion. Un dicton allemand du début du xvi° siècle déclare : « Le manteau du roi de France, les culottes du Palatin, la robe de l'électeur de Cologne, les braies du Bavarois — je crois qu'il s'agit de l'archevêque de Mayence — sont tous taillés dans une même pièce de drap. » Maintenant que nous revoici dans cette région, je crois qu'il ne se passera plus de législature, ni même de session, sans que cette question de la politique rhénane ne soit nécessairement portée devant le Parlement.

Commençons donc. Aussi bien n'est-ce pas une orientation nouvelle. Nous rentrons dans la

vieille voie française, depuis Charlemagne jusqu'à la Convention et Napoléon. Disons-le en
passant, la politique de Charlemagne est bien
curieuse à rapprocher de la nôtre. Il ne croyait
pas avoir vaincu suffisamment les Saxons et leur
chef Witikind s'il ne les convertissait pas. N'est-
ce pas notre état d'esprit vis-à-vis de leurs
petits-fils ? Nous soupçonnons que nous n'aurons
pas fait grand'chose si nous ne les amenons pas
à notre point de vue moral (*Très bien ! Très bien !*)
s'ils ne reconnaissent pas leurs responsabilités.
Nous voudrions leur faire renier leur pangor-
manisme et leur religion de la force. (*Applaudissements.*)

Louis XIV a eu sa politique rhénane, c'était la
ligue du Rhin ; Napoléon, c'était la confédération
du Rhin ; et nous, à cette heure, quelle sera
notre politique rhénane ?

Allons-nous chercher à rien reprendre dans
ces précédents ? Ils peuvent servir à éclairer la
situation actuelle, mais nous prendrons pour
maîtres les événements. Si notre collègue M. de
Pressensé était encore parmi nous, je me tour-
nerais vers lui, qui connaissait si complètement
les grands textes de la littérature religieuse,
pour qu'il nous cite avec exactitude une puissante expression de Pascal : « Les événements
sont des maîtres qui nous sont donnés de la
main de Dieu. »

J'accepte loyalement et complètement la leçon
des événements. C'est dans le traité même que
nous chercherons la méthode que nous pouvons
employer dans cette politique rhénane.

Au fronton de ce traité où beaucoup de parties nous paraissent indéterminées et flottantes, un principe est affirmé, qui, peu à peu, au cours de la guerre, s'est imposé à tous les belligérants, c'est le droit des peuples à disposer d'eux-mêmes.

Que cette libre disposition des peuples soit donc le principe, le ressort de notre politique rhénane. Notre programme sur le Rhin, ce n'est pas à nous de le formuler, de l'inventer. Les populations elles-mêmes nous le dictent.

M. Voillot. Et pour la Russie aussi.

M. Maurice Barrès. Ces vœux des populations rhénanes, vous les connaissez par les rapports de nos officiers, de nos soldats, de nos administrateurs, de nos voyageurs de commerce ; et dans cette Assemblée, beaucoup de nos collègues ont voulu se renseigner et s'instruire sur place.

Pour ma part, j'ai vu nos soldats accueillis par ces populations rhénanes sans antipathie...

M. Raynaud. C'est la vérité.

M. Maurice Barrès... comme si elles se souvenaient que nos grands-pères ont été, côté à côté, soldats dans les rangs de la grande armée ; comme si elles voulaient revivre le temps légendaire où le tambour Legrand, après avoir donné son rythme aux guerres de la Révolution, en battant le rappel, éveillait des parties françaises dans l'âme de Henri Heine. (*Très bien ! très bien !*)

J'ai vu les bourgeois, d'abord inquiets et persuadés de notre inaptitude à l'organisation, reconnaître assez vite qu'un principe d'ordre subsiste sous nos allures bon enfant, comme au temps où les administrateurs Lezay-Marnésia, Jeanbon-Saint-André, Ladoucetto faisaient les routes, ouvraient l'exploitation des mines et décidaient le canal des houillères. (*Très bien ! très !*)

J'ai vu le clergé, à qui l'on avait dit que la France laïque était l'ennemie sectaire de toute religion, ouvrir ses églises et ses chaires à nos aumôniers décorés de la Croix de guerre par la République. C'était bien beau les fêtes de Jeanne d'Arc dans les cathédrales du Rhin, auprès du fleuve pavoisé de nos drapeaux.

Et si nous voulons nous rendre compte de ce que sont exactement les vœux de ces populations...

M. Marcel Cachin. Et les ouvriers ?

M. Maurice Barrès. Votre interruption est juste, la description de l'état d'esprit de ces populations ne peut pas se faire avec une seule et même nuance ; elles varient les nuances, selon les moments, selon les milieux.

Au premier jour de notre arrivée en Rhénanie, les populations étaient disposées à accepter ce qu'elles croyaient, que nous allions leur imposer ; peut-être même n'auraient-elles pas été fâchées qu'une solution leur fût imposée et les dispensât de prendre aucune initiative. Elles furent déçues, en tout cas fort étonnées. Leurs sentiments ont pu varier ; ils ne sont pas exactement ce qu'ils étaient hier et, au long de quinze années, ils auront bien le temps de se modifier selon les événements et notre politique. Quant aux classes

de la population, il est exact, et je regrette vive-
ment, qu'au moins dans certaines parties de la
classe ouvrière, si nombreuse, si laborieuse
dans cette vallée du Rhin où elle a contribué à
assurer une des plus puissantes industries du
monde, il existe certains préjugés contre l'influence française.

M. Marcel Cachin. Parce que nous avons bruta-
lisé les ouvriers. (*Exclamations.*)

M. Raynaud. Ce sont les sozial-démocrates qui
sont le plus impérialistes. (*Applaudissements.*)

M. Marcel Cachin. Leur avez-vous appliqué la
loi de huit heures? (*Exclamations à droite.*)

M. Raffin-Dugens. Leur avons-nous accordé
le droit de grève? Leur régime social n'était-il
pas supérieur au nôtre? (*Bruit.*)

M. le Président. Messieurs, veuillez cessez ces
dialogues.

A l'extrême gauche. Parlez-nous des ouvriers.

M. Maurice Barrès. Je parlerai d'eux bien volontiers. Je suis précisément monté à la tribune
pour que nous nous éclairions en commun sur
les voies politiques que nous devons suivre sur le
Rhin. J'enregistre, et nous sommes d'accord là-
dessus, qu'il y a une attitude particulière à
prendre vis-à-vis d'une partie de la population
rhénane qui semble la plus inquiète à notre en-
droit. Mais jusqu'à cette heure, comment adresser
de reproches à personne, si telles mesures ne
furent pas prises? Nous étions dans le provisoire.

Que chacun de nous, dès maintenant, contri-
bue à éclairer l'opinion publique (*Très bien !*

très bien !), se tourne plus spécialement vers les
parties de l'opinion où il peut donner des directions.

Vous avez là, socialistes, une tâche magnifique
à accomplir et je suis convaincu que vous voudrez vous-mêmes travailler à l'organisation de
cette région. (*Applaudissements à droite, au
centre et sur divers bancs à gauche.*)

Il est utile que nous nous fassions, en commun, une idée exacte de ces populations, envers
lesquelles la France a dès maintenant des devoirs, puisqu'elle a assumé de prendre une part
à leurs destinées. (*Très bien ! très bien !*)

Leur pensée vraie, leurs vœux, ces Rhénans
les formulent d'une manière saisissante dans
leurs congrès, de semaine en semaine plus nombreux. Les Rhénans sont Allemands, ils veulent
le demeurer ; ils n'aiment pas la Prusse ; ils
demandent leur autonomie dans le cadre d'une
Allemagne pacifique. (*Très bien ! très bien !*)

M. Raynaud. Parfaitement.

M. Maurice Barrès. Pourquoi ces populations
désirent-elles ce statut spécial et cette autonomie ? Il y a deux groupes de raisons : des raisons de parenté et d'affinité intellectuelles et
des raisons d'intérêt économique.

Les faits que je signalais tout à l'heure et tous
ceux que rapportent les voyageurs indiquent
qu'il règne en Rhénanie une opposition profonde
contre les Prussiens, ces faits ne sont pas épiso-
diques ; ils se placent dans une tradition vieille
de deux mille ans. Il y a vingt siècles que César
est apparu sur le Rhin et y a déposé comme

sur notre Gaule une civilisation qui n'a aucun équivalent dans l'ensemble de l'Allemagne et surtout sur la rive droite de l'Elbe où s'est développée la Prusse. Ces germes romains apportés par les légions se sont maintenus le long du Rhin moyen pendant tout le Moyen Age, dans le cadre ecclésiastique, dans le cadre catholique et à cette heure ils subsistent encore, en quelque mesure, dans le parti du Centre.

Si l'on voulait avoir l'antithèse la plus nette, l'opposition la plus forte entre la sensibilité de ces populations rhénanes qui vivent sur un fond romain et celle des populations prussiennes qui vivent sur un fond slave, il faudrait entendre le dialogue des cathédrales du Rhin avec la fortesse de Marienbourg, qui est près de Dantzig, le berceau de l'Etat prussien. (*Applaudissements.*)

Les Prussiens ne sont venus en Rhénanie qu'en 1815 ; ils y sont venus en ennemis, et malgré leurs méthodes brutales ils ne sont pas parvenus à s'installer dans les âmes de ces vieux pays d'états ecclésiastiques et de villes libres. Et quand les Rhénans cédèrent, ce n'était pas tant leurs âmes que leurs intérêts qui étaient prussianisés.

Je n'insiste pas. Ce point de vue historique nous est redevenu familier à tous, depuis quatre années, depuis que d'excellents travaux ont ramené notre attention sur des faits que nous avions cessé de considérer parce que nous avions un esprit de vaincus, et que, repliés sur nous-mêmes, nous n'osions pas considérer dans

toute son ampleur la force des influences françaises.

Messieurs, il y a quelque chose de plus fort
que les parentés, que les affinités, que ces ata-
vismes lointains qui se taisaient en Rhénanie
d'une manière bien cruelle au moment de la
plus grande prospérité allemande. Tous les
peuples sont menés vigoureusement par leurs
intérêts, mais aucun peuple, je le crois, autant
que ces populations rhénanes dont la principale
vertu c'est le courage au travail. Je dirai tout
en un mot : leur point de vue sur la France se
modifie beaucoup, se redresse depuis qu'elles
voient qu'il est de leur intérêt majeur de participer à la vie du groupe économique où la
France elle-même est intégrée.

La France, le Gouvernement, nous tous,
sommes-nous en situation d'aider à l'éclosion
de cette autonomie et de donner satisfaction aux
vœux des Rhénans ?

Assurément, oui.

Nous pouvons, nous devons travailler à renforcer les nouvelles affinités, à les rajeunir, à
les mettre à la page. Déjà, tout spontanément,
quelque chose se fait sur le désir même de ces
populations. Voilà un lycée français qui s'ouvre
à Mayence. J'ai vu beaucoup de conférences
données par des officiers qui s'appliquent à traiter
les sujets intéressant à la fois la France et l'Allemagne. Les Rhénans apprennent à l'envi notre
langue, puisqu'ils entrevoient de trouver un
marché dans nos régions. Mais j'avoue que j'attends davantage. Il y a un génie du Rhin. Il y a

un trésor englouti dans le Rhin. Le trésor d'Attila, disent les légendes du Nord. Nous croyons plutôt que c'est le trésor de Jules César et des légions. Quelle tâche pour nos historiens et nos artistes ! Qu'il me soit permis de les appeler du haut de cette tribune. Quelle tâche si, grâce à leurs secours, le génie du Rhin peut briser ses bandelettes ! Ah ! nos hommes de lettres peuvent jouer le plus noble rôle dans cette besogne de rapprochement, dans cette création d'une région intermédiaire mi-française, mi-allemande, qui serait si utile pour la défense des libertés et l'embellissement de la civilisation. (*Vifs applaudissements. — Interruptions à l'extrême gauche.*)

M. Bouveri. C'est un langage nouveau ! Si nous avions dit cela il y a cinq ans ! (*Exclamations sur divers bancs.*)

M. Maurice Barrès. C'est le bénéfice de la victoire ! (*Applaudissements.*)

M. Bouveri. Jaurès et nous, nous l'avons dit en 1913 et vous nous avez traités de Prussiens !

M. Maurice Barrès. J'ai causé plusieurs fois avec Jaurès de cette question rhénane, au moins de l'Alsace-Lorraine. Il ne s'agit pas d'exprimer ici — ce ne serait pas à moi de le dire — qui de nous deux avait raison. Je crois bien le savoir, pourtant. Mais beaucoup de choses que m'exposait à ce moment Jaurès et que je ne pouvais à aucun degré accepter, je les ranime dans mon esprit à cette minute-ci. Nous sommes à une autre époque. (*Interruptions à l'extrême gauche.*)

Croyez-vous que les sentiers français doivent

se développer en s'éloignant indéfiniment les uns des autres ? J'ai toujours été convaincu, quand nous nous détestions le plus, que le moment viendrait où nous retrouverions nos parentés. (*Applaudissements.*)

Si le moment est venu, travaillons ensemble. (*Nouveaux applaudissements*).

Je vous disais tout à l'heure le grand rôle que vous pouvez remplir auprès de ces populations ouvrières rhénanes. Poursuivant la même méthode, je m'adresse maintenant aux artistes, aux hommes de lettres, aux historiens, et je leur dis : il me semble que les grands esprits du xix* qui croyaient dur comme fer à la bonté de l'Allemagne, et qui se faisaient des illusions dont 1870 les réveilla 'cruellement, avaient pressenti une certaine Allemagne idéale, qui maintenant pourrait être installée sur terre en Rhénanie. Il existe, en France, dans la région de l'Est une conception qui n'est que dans les esprits, qui flotte entre ciel et terre et qui nous a toujours disposé à sentir une très grande parenté entre des villes qui, politique ment, sont séparées les unes des autres. Il nous a toujours semblé que Nancy, Metz, Luxembourg, Strasbourg, Trèves étaient comme les éléments d'une machine électrique qui, le jour où elle fonctionnerait, pourrait fournir à la vie intellectuelle des étincelles jamais vues jusque-là.

Ces régions, qui, politiquement, garderaient leur indépendance, créeraient un territoire de transition, une sorte de bastion moral. Elles constitueraient, pour des raisons spirituelles et pour des raisons matérielles, pour ne pas être foulées aux pieds, et pour la joie d'épanouir leur vie propre, une merveilleuse garantie contre l'Allemagne et, d'une manière plus générale, un bastion de sécurité pour la paix du monde. (*Applaudissements.*)

Ces pensées sont pleines de réconciliation. Ah ! croyez qu'en les exprimant j'ai toujours présents à l'esprit les morts de la guerre. Ils me comprennent, et me justifient. Nous voulons tirer de leur sacrifice son fruit.

Mais je m'attarde à ces considérations intellectuelles par la complaisance inévitable d'un esprit spécialisé. Il est évident que l'intervention française en Rhénanie doit être avant tout une intervention économique.

C'est au Gouvernement, aux chambres de commerce, aux associations patronales, aux syndicats ouvriers d'élaborer un plan d'action commerciale. Il existe une solidarité économique évidente de ces régions avec le reste de la vieille Gaule. Les communications et relations du Rhin moyen avec les bassins de la Seine et du Rhône sont aussi faciles qu'avec le bassin du Danube et plus faciles qu'avec le bassin de l'Elbe. Et l'on doit se féliciter que le traité prévoie le canal qui, par le Main rendu navigable, joindra le Rhin internationalisé au Danube internationalisé. C'est l'accès de l'Orient pour nos industries françaises que desserviront le canal de la Marne au Rhin développé et la Moselle canalisée ; c'est la fortune de notre pays et

le resserrement de notre solidarité avec les
régions du Rhin.

Vous le voyez, la politique rhénane est des-
sinée par le vœu des populations. Nous n'avons
qu'à entrer dans leurs voies. Mais qu'avons-nous
fait ? Leur avons-nous prêté la main ?

C'est ici que j'interroge le Gouvernement.
Certains faits éveillent mes doutes et mes
alarmes. A-t-il aidé à l'éclosion de cette autonomie ?

J'entends que, jusqu'à cette heure, il n'a
guère eu le temps de s'occuper que de dresser
le texte même du traité, mais pourtant il a déjà
commencé, par la force des événements, à agir
dans ces pays rhénans, et — qu'il me permette de
le lui dire — dans ses actions et dans ses absten-
tions, il y a quelque chose d'indéchiffrable.

Il serait peut-être indiscret de révéler certains
épisodes qui, cependant, ont été publics à Lan-
dau, à Wiesbaden, à Mayence et chez nos alliés.
Peut-être pourtant M. le président du conseil
voudra-t-il nous faire connaître les instructions
qu'à ce moment il a adressées aux généraux
commandant les territoires d'occupation.

M. Paul Poncet. Il en a donné dans le Luxembourg.

M. Maurice Barrès. Autre point : comment se
fait-il que l'on ait admis la nomination, la présence d'un commissaire impérial représentant
le Reich ? Le Reich ! c'est-à-dire l'empire plus
unitaire, plus centralisé, plus impérialiste que
jamais. Cette présence qui n'est pas prévue dans
le traité de paix, dans quel but, dans quel

esprit a-t-elle été autorisée ? Il y avait des pouvoirs locaux en contact immédiat avec le commandement des troupes d'occupation. Cela est prévu par le traité. En quoi était-il nécessaire que siégeât à Cologne, chef-lieu administratif de la Prusse rhénane, un personnage impérial, un *missus dominicus*, symbole de l'Allemagne prussifiée? Je serais reconnaissant à M. le président du conseil ou à M. le ministre des Affaires étrangères, d'éclairer, sur ce point, la Chambre et le pays.

Enfin, je veux demander des lumières sur un autre acte qui n'est pas partie du traité, qui sans y être formellement contraire est de nature à l'infirmer. Qu'est-ce que cet engagement pris par les trois, sous leur responsabilité personnelle, d'écourter le délai d'occupation si l'Allemagne est sage? Je n'en veux pas discuter le fond qui crée pour la France un péril éventuel, mais je demande comment se greffe, sur un traité que vous nous présentez comme un ensemble et dont vous sollicitez la ratification, ce document parasitaire, qui en est la négation dans une certaine mesure ou la restriction.

J'aimerais que nous pussions avoir des indications sur ces trois points et que, d'une façon générale, nous pussions connaître quel travail en commun nous allons entreprendre.

Le traité, tel quel, est un traité de victoire et je ne partage pas les sentiments, qui me semblent un peu déprimés, dans lesquels la Chambre — sauf certaines exceptions — a commencé à l'examiner.

M. Raffin-Dugens. On critique le traité parce qu'on doit le critiquer. Tout dépend du point de vue auquel on se place.

M. Maurice Barrès. Nous sommes en train d'enregistrer un des actes les plus importants de l'histoire de France. Nous ne pouvons pas amender le traité, mais nous pouvons amorcer la politique qui en sortira. Je serais reconnaissant à M. le président du conseil de nous apporter ou faire donner par l'un de ses collaborateurs des explications décisives, car il entend, comme nous, qu'il importe de bien définir, au moment où elle s'engage, une politique rhénane à laquelle est lié désormais l'avenir de la France. Politique d'autonomie selon le vœu des populations elles-mêmes, non contre l'Allemagne, mais contre la Prusse. Politique spirituelle, à laquelle je convie nos universités, nos hommes de lettres, nos artistes, et politique temporelle, je veux dire des intérêts matériels.

Pour coordonner nos efforts, il est nécessaire qu'une direction et des mots d'ordre nous soient donnés par le Gouvernement.

Dans le monde entier, les vainqueurs sont appelés aujourd'hui à tirer parti du prestige que la France a conquis sur les esprits. Il n'y a pas de tâche plus utile pour les destinées de la France que celle qui doit être accomplie avec la Rhénanie. Méditons et précisons notre politique rhénane. Elle survivra à l'occupation militaire du Rhin, elle ne perdra pas sa raison d'être avec les périodes de cinq, dix et quinze ans fixées par les négociateurs de Versailles, mais, au contraire, elle deviendra d'autant plus nécessaire que l'occupation militaire aura cessé. L'occupation militaire est une solution très claire, résultant du droit des gens, avec des modalités bien définies, les commandants d'armées ayant tels et tels droits, mais du jour où l'occupation militaire est écartée, une politique s'impose d'autant plus, car on ne peut pas admettre que cessant d'entretenir des corps de troupes sur la rive gauche du Rhin, la France soit moralement désarmée.

C'est une force morale qu'il s'agit que nous constituions tous ensemble. Je suis venu à cette tribune pour demander au Gouvernement de vouloir bien nous donner les indications nécessaires pour cette direction nouvelle des imaginations. Je ne doute pas que les indications qu'il nous fournira ne nous permettent de concevoir une tâche à accomplir tous ensemble, telle que nous puissions tirer du traité tout ce qu'il renferme en puissance. Nous sommes à l'heure où rien ne doit rester dissimulé. Nous ne voudrions pas ratifier une équivoque. La France a besoin de savoir quelle politique rhénane renferme le traité de la victoire. (*Vifs applaudissements.*)

(*Journal Officiel*, 29 juin 1919, compte rendu in-extenso).

*
* *

INTERVENTION DE M. ALBERT THOMAS : — Dans la même séance, M. Albert Thomas a prononcé un discours important dont nous croyons devoir détacher le passage que voici :

M. Albert Thomas... Ceci, c'est la question historique, mais il y a une question plus importante, celle que M. Maurice Barrès touchait tout à l'heure pour un sujet spécial : la question d'avenir, celle de la politique que vous allez suivre demain et de la décision que vous avez à prendre à ce sujet.

Si nous sommes d'accord pour penser que les clauses de sécurité ne sont pas suffisantes, demain il va falloir dans cet effort, dans ce travail de paix, dont tous les orateurs ont parlé, chercher à les complémenter. Dans quelle direction ? Le traité contient à la fois des clauses inspirées de l'esprit du passé et des clauses d'avenir.

Il est simplement un cadre où une politique va s'inscrire. Or, quelle est votre politique ? La France continuera-t-elle à dire :

« Ces garanties sont insuffisantes, ma frontière du côté de l'Est est menacée, il me faut de nouvelles sécurités militaires » et, au travers même de toutes les discussions, de toutes les discussions, de toutes les négociations, qui peuvent surgir demain, elle chercherait s'il n'y a pas quelques compléments de sécurité matérielle à trouver.

Tout à l'heure, M. Maurice Barrès détaillait un plan de pénétration française sur la rive gauche du Rhin, que j'ai applaudi à plusieurs reprises.

Il y a des idées de M. Maurice Barrès que j'accueille avec sympathie. Il y a quelques jours encore, quand nous examinions au conseil supérieur de l'Alsace et de la Lorraine ce que pouvait être l'avenir de l'Université de Strasbourg, les Alsaciens et les Français présents étaient unanimes à penser qu'elle devait être l'organe de la grande propagande, non seulement de latinité, mais je dirai presque du véritable germanisme contre la Prusse, contre les survivances impérialistes de l'autre côté du Rhin.

Nous sommes d'accord pour estimer qu'une propagande de cette nature doit être faite, mais, si cette propagande devait prendre l'apparence d'un effort d'agression nouvelle, si elle devait couvrir l'arrière-pensée de préparer une annexion possible ou quelque acte d'autorité venant compléter la longue pénétration pacifique, je serais en méfiance.

(Journal Officiel, 28 juin 1919).

.

Un article du *Temps* : — En tête de son numéro du 31 août 1919, et sous le titre « Deux grands Discours », le *Temps* publie l'article que voici :

Les deux discours mémorables que la Chambre a entendus hier répondent à une à une même préoccupation : après cette guerre, après cette paix, quels vont être les rapports de la France et de l'Allemagne ?

Le hasard a bien fait les choses, en voulant que ce sujet fût traité le même jour par M. Maurice Barrès et par M. Albert Thomas. Le contraste même de leurs opinions souligne l'unité de leurs desseins.

Le président de la Ligue des patriotes, l'écrivain qui, chaque jour, depuis Charleroi jusqu'à l'armistice, a prêché la lutte à outrance et la victoire intégrale, n'a apporté à la tribune aucune parole impitoyable, aucun programme d'annexion. C'est en respectant le caractère allemand des populations rhénanes, c'est en leur assurant la libre disposition d'elles-mêmes, c'est en réveillant le souvenir de cette intimité spirituelle et de cette communauté d'intérêts qui ont existé entre elles et nous pendant tant de siècles, c'est en faisant aimer la France qu'il veut garantir la paix.

L'ancien ministre socialiste, qui fut l'ami de Jaurès

et qui fut l'hôte de M. Kérensky, s'est bien gardé de
prétendre que le peuple allemand n'est aucunement
responsable de la guerre et que, depuis la chute des
Hohenzollern, il n'y a plus de précautions défensives à
prendre contre l'Allemagne. Il a examiné une à une
les garanties militaires qui sont inscrites dans le traité,
et il les a trouvées insuffisantes. C'est en laissant aux
Allemands la pleine liberté de compléter leur émanci-
pation, c'est en les encourageant à rechercher les
responsabilités de leur pays et à réparer ses torts, c'est
en pratiquant vis-à-vis de l'Allemagne une politique
juste et démocratique que M. Albert Thomas conseille
de garantir la paix.

Ni lui, ni M. Maurice Barrès n'ont voulu faire de cette
discussion une querelle entre Français. Tous deux
ont demandé au gouvernement d'indiquer les méthodes
qu'il entend suivre dans ses relations avec l'Allemagne,
et de définir la tâche de telle manière que tous les
Français puissent y collaborer.

C'est vraiment une grande séance que celle où s'est
exprimé — jaillisant spontanément d'un côté à l'autre
de la Chambre, comme une étincelle entre deux pôles
— cet esprit de magnanimité envers l'ennemi et
d'union entre concitoyens. Les débats du Palais-Bour-
bon sont lus attentivement à Berlin. Puissent les discours d'hier y être pleinement compris ! Puissent-ils
faire connaître à l'Allemagne les véritables intentions
de la France — ces intentions si droites que nous
voyons si souvent déformées, comme si une propagande subtile s'acharnait à empoisonner la paix du
continent !

Mais il reste une explication à fournir. Résolus à
atteindre un même but, M. Maurice Barrès et M. Albert
Thomas proposent de s'y rendre par des chemins diffé-
rents, M. Maurice Barrès croit que les populations
rhénanes désirent être autonomes, c'est-à-dire sortir

de l'Etat prussien tout en continuant d'appartenir au *Reich* allemand ; et il pense que la France et l'Allemagne vivraient en paix, si les Allemands du Rhin reprenaient ainsi leur rôle traditionnel d'intermédiaires entre la culture occidentale et la culture germanique. M. Albert Thomas soutient, par contre, que l'Allemagne évolue nécessairement vers une centralisation de plus en plus rigide, et que la France ne réussirait qu'à créer des causes de guerre, si elle intervenait pour entraver cette inévitable évolution.

Ces deux thèses semblent s'opposer rigoureusement l'une à l'autre ; et M. Albert Thomas, quoiqu'il connaisse bien Hegel, n'a point essayé de les concilier dans une synthèse. Mais sont-elles réellement contradictoires ? Se contredire, c'est énoncer des opinions contraires sur un même sujet. Or, M. Maurice Barrès et M. Albert Thomas n'ont point parlé de la même chose.

Quand on demande que les populations de la *Rheinprovinz*, puissent se séparer de l'Etat prussien, auquel elles ont été annexées malgré elles par les traités de Vienne et par lequel elles n'ont jamais été administrées comme elles le souhaitaient, on ne cultive pas un particularisme artificiel, on ne travaille pas à semer la discorde en Allemagne, on ne fait ni œuvre de guerre, ni œuvre de réaction. L'on réclame simplement, au profit de plusieurs millions d'Allemands que l'Etat prussien a exploités et brimés pendant un siècle, l'application des principes pour lesquels les alliés ont combattu. Loin de créer une cause de guerre, on s'efforce de supprimer une injustice qui a puissamment contribué au conflit de 1870 et à celui de 1914. N'a-t-elle pas mis toutes les immenses ressources métallurgiques et stratégiques du pays rhénan sous le contrôle de l'Etat prussien qui, par son aristocratie, par sa bureaucratie, par sa finance, par toutes ses institutions, par toutes ses formes d'activité, repose sur cette conception que la guerre est une source légitime de bénéfices, une industrie nationale ?

La centralisation de l'Allemagne est inévitable ? C'est une affirmation qu'il faudrait discuter en détail. Il ne suffit pas qu'elle concorde avec les enseignements de Karl Marx pour qu'elle nous apparaisse comme une vérité révélée. Contrairement aux théories sozialdemokrates, qui feraient de l'homme un rouage, de la société un mécanisme, et de l'indépendance une hérésie, nous pensons que la destinée des nations est le résultat variable d'initiatives et de volontés individuelles, bien plutôt que de soi-disant nécessités immuables. Nous nous refusons à définir l'évolution d'un peuple par une de ces formules catégoriques qui évoquent une idée simpliste et un phénomène définitif. Dans l'organisme vivant qu'est une société humaine, chaque action provoque une réaction et chaque tendance n'a qu'un temps.

Mais le problème n'est pas là. Il ne s'agit pas de savoir si l'Allemagne sera plus ou moins centralisée. Il s'agit de savoir si elle sera plus ou moins prussifiée. On peut dire des Etats-Unis aussi qu'ils tendent vers la centralisation ; mais, parmi les Etats de l'Union américaine, il n'en est aucun qui soit doté d'une structure, d'une prépondérance, d'une ambition capable de lui faire jouer le rôle néfaste que l'Etat prussien remplit dans le *Reich*. Quand même les anciens Etats confédérés de l'Allemagne n'auraient pas conservé plus d'attributions souveraines que n'en possèdent les Etats au drapeau étoilé, nous pourrions être rassurés si chacun d'eux était pénétré d'un esprit démocratique comme le sont les Etats américains, et si leur ensemble constituait comme en Amérique un corps libre et équilibré. En Allemagne, que voyons-nous, au contraire ? L'Etat prussien demeure incorrigible et dominant,

C'est au profit de la tradition prussienne, de l'hégémonie prussienne, que tournent tous les changements
qui acheminent l'Allemagne vers la centralisation.

C'est là un fait, visible pour M. Albert Thomas aussi
bien que pour M. Maurice Barrès. Devant ce fait, comment deux bons Français ne seraient-ils pas d'accord ?

II

M. le président. La parole est à M. Maurice
Barrès.

M. Maurice Barrès. Au nom de mes collègues
MM. Arago, Galli, Jean Lerolle, amiral Bienaimé,
Ernest Flandin, Flayelle, le lieutenant-colonel
Josse, Camille Blaisot, Engerand, Louis Viellard,
Paul Escudier, comte Ginoux-Defermon, Ber-
trand de Mun, Failliot, Guichenné, Tournade,
Paul Pugliesi-Conti, d'Aubigny, Blaise Neyret,
Gilbert Laurent, marquis de Dion, et en mon
nom personnel, j'ai l'honneur d'apporter à la
Chambre la déclaration suivante :

Ce débat était nécessaire. Un grand acte historique va engager le monde entier. Il fallait que
le Parlement français fît entendre ce qu'il en
pense. Aussi bien notre rôle est tout particulier
et diffère du rôle des parlements des autres
pays qui ont à traiter avec l'Allemagne.

Le parlement anglais a voté le texte du traité
sans aucun grief, sans aucune curiosité même,
pourrait-on dire, et ses deux Chambres ont
accordé d'emblée leur ratification. Aux Etats-

Unis, le Congrès a manifesté son souci prédominant de la survivance dans son étroite intégrité de la doctrine de Monroë qui se traduirait par la non-intervention dans les complications. Les représentants du peuple français ne pouvaient pas, ne devaient pas se désintéresser même dans le détail, des stipulations d'un traité qui, signé sur la terre de France, engage l'avenir même de la terre de France. (*Très bien ! très bien !*)

Au cours d'une discussion approfondie, la Chambre vient de mettre au clair les imperfections de cet instrument diplomatique et ses périls pour l'ordre européen et, pour la première fois, le pays a été instruit de ce qui avait été négocié en son nom et souscrit pour ses destinées. Forclos par la Constitution, nous ne pouvons pas amender le texte du traité, mais nous en avons amendé l'esprit. (*Très bien ! très bien !*) La Chambre en a précisé pour la conscience nationale l'authentique signification. Devant la nation et devant l'histoire, c'est cette interprétation qui vaut et qui fait foi. C'est d'elle que nos gouvernements successifs devront s'inspirer dans l'exécution des clauses.

Le Parlement, si nous interprétons l'aprobation unanime qu'un exposé de la politique rhénane a paru recueillir, semble avoir fixé les directions de la politique future de la France à l'égard de l'Allemagne. Cette politique trouvera sa première et sa plus immédiate application dans la région limitrophe où l'influence française va s'exercer en vertu du traité. La France a

entendu déjà et respectera le vœu de cés pays
de la vallée du Rhin qui, sans se séparer de
l'Allemagne, aspirent à une autonomie qui les
soustraie à l'emprise prussienne. Elle est
prête à aider de sa puissance morale et de toute
sa collaboration économique cette évolution des
populations rhénanes, de tous les partis et de
toutes les classes, vers un statut et un régime
qui assurent leur prospérité, l'expression de
tous leurs sentiments et le libre développement
de leur génie (dont les affinités avec le génie
gallo-romain sont restées si vivaces).

En conséquence, nous demandons que sous
aucune forme l'influence prussienne ne soit res-
taurée sur nos frontières ; que notamment soit
éliminé le commissaire du Reich, indûment
installé à Coblence. Le traité, en effet, prévoit le
contact direct des autorités locales avec le commandement des troupes d'occupation ; et pour
les relations du Reich avec la France les ambas-
sades de Paris et de Berlin semblent seules
qualifiées.

En outre, nous demandons que toutes les
mesures soient prises pour associer plus intime-
ment les pays rhénans à la France par le commerce, par les voies de communication, par la
coordination des tarifs de chemins de fer et de
voies d'eau, par un programme de travaux
publics, principalement par la canalisation de la
Moselle et de la Sarre, par des institutions ban-
caires et coopératives, par l'assimilation des lois
ouvrières et sociales. (*Très bien ! très bien !*)
Pour ces objets, il pourrait être créé dans le

plus bref délai, des commissions mixtes composées de Rhénans et de Français.

Nous espérons que cette conception de la paix amènera chez les Allemands du Rhin et même dans toute l'Allemagne une détente souhaitable des deux parts.

Persuadés que cette paix doit être, selon l'heureuse expression du Président de la République « une création continue », génératrice de bienfaits pour les deux peuples que la géographie et l'histoire ont rapprochés, mais persuadés aussi qu'une vigilance quotidienne s'impose comme une nécessité patriotique, nous demandons, pour permettre au Parlement de travailler avec le Gouvernement à l'œuvre pratique de la paix, que des rapports de commissions de réparations et de contrôle lui soient périodiquement présentés. (*Très bien ! très bien !*)

Sous le bénéfice de ces observations, nous assumons la responsabilité de voter le traité. (*Applaudissements.*)

(Journal Officiel, 31 septembre 1919).

III

Le Désarmement matériel et moral
de l'Allemagne

*Séance de la Chambre des Députés
du 6 février 1920.*

M. Maurice Barrès. Les orateurs qui m'ont
précédé et que nous avons entendus hier ont
ouvert aux quatre coins de l'horizon des vues
sur des intérêts de la plus grande importance.
Aujourd'hui, la discussion vient se placer au
centre même des intérêts français.

Je demande au Gouvernement qu'il nous fasse
connaître la politique de la France vis-à-vis de
l'Allemagne et qu'il nous dise de quelle manière
il va tenir la main à l'exécution du traité et à
l'application de la paix.

Une telle question domine toute la politique
française et tous les travaux du Parlement. Nous
sommes une Chambre de reconstruction. Quelle
reconstruction serait possible, industrielle, commerciale, financière, intellectuelle, si le pays
n'avait pas la complète sécurité de la paix ?

Les Américains ont une doctrine de Monroë :

l'intégrité de l'Amérique. Eh bien ! nous aussi,
désormais, nous avons une doctrine de Monroë,
la doctrine de Versailles, l'intégrité de l'Europe
nouvelle, d'une Europe qui n'a pas encore pris
sa nette configuration ni toutes ses assises, mais
qui est consciente de ses destins. Ce nouvel ordre
de choses, qui le met en péril, à cette heure ?
L'Allemagne seule ! D'où encore une raison
d'exiger son désarmement.

Son désarmement matériel et son désarmement moral.

Désarmement matériel et moral, ce sont là les
deux parties des observations que je voudrais
présenter : le désarmement matériel à propos de
l'Allemagne, le désarmement moral à propos des
pays rhénans.

Nous sommes dans l'ignorance. Il faut éclairer
le pays. Ce n'est pas seulement une nécessité
que la Chambre sache les intentions du Gouvernement, qu'elle les discute, les examine, les
approuve ; c'est encore une nécessité que l'opinion publique soit renseignée et dirigée. Il faut
créer une conscience nationale en face de l'Allemagne d'après-guerre.

Pendant la guerre, il était aisé que l'opinion
publique eût une direction. Avant la guerre, de
glorieux chefs d'opinion n'ont pas manqué à ce
pays. On a rei du ici même, à plusieurs reprises,
un juste hommage à quelques-uns d'eux, de
Gambetta à Clemenceau. Qu'il me soit permis
de nommer parmi ces prophètes, parmi ces
apôtres, parmi ces directeurs de la conscience
française, celui qui fut pendant cinquante ans la

plus noble et la plus populaire personnification de la fidélité de la France à l'Alsace-Lorraine et d'inscrire à l'honneur de la gratitude française Paul Déroulède. (*Applaudissements au centre et à droite.*)

Le travail de directeurs qu'ont fait de tels hommes avant la guerre, nous attendons que le Gouvernement le fasse maintenant que nous entrons dans la période de paix et qu'il s'agit de trouver un *modus vivendi* avec nos adversaires de la veille.

Le Gouvernement ne faillira pas à ce devoir de guider l'opinion. Il rendra ce service à l'intelligence française. Et, déjà hier, dans une illustre assemblée voisine, au cours d'un admirable dialogue entre le maréchal Foch et le chef de l'État, celui-ci dans sa péroraison donnait le plus ferme et le plus éclatant mot d'ordre au pays. (*Très bien ! très bien !*)

Que veut la France ? La paix. Peut-elle l'obtenir pleinement, sûrement de l'Allemagne ? Que désirons-nous que l'Allemagne devienne ? Et d'abord qu'est-elle aujourd'hui ? Que fait-elle ? Que pense-t-elle ? Voilà notre préoccupation à tous et là-dessus, tous, nous sommes dans l'incertitude.

Cette incertitude tient au caractère même des Allemands. Déjà, avant la guerre, quelle difficulté pour bien connaître le sentiment public en Allemagne ! Il y a, chez les Allemands, le manque le plus complet d'équilibre. Tantôt excès d'idéalisme, tantôt excès de réalisme. Le même Allemand est capable des deux. L'Allemand est une contradiction vivante, la personnification des contrastes. Vous pensez si ce déséquilibre a augmenté après l'échec terrible des rêves d'avant-guerre, après les troubles révolutionnaires et les menaces directes du bolchevisme.

Mais, sans vouloir faire une analyse psychologique profonde qui serait impossible ici, nous constatons des faits et d'abord une réorganisation de l'armée.

Il y a actuellement en Allemagne une pépinière d'officiers qui entreprennent de jouer le rôle que jouèrent les Scharnhorst, les Stein et les Boyen après Iéna. Pour eux le traité de Versailles comme la paix de Tilsitt ne fait qu'influer sur la méthode et les moyens à employer pour la réorganisation de l'armée. Et les expédients auxquels ils recourent depuis un an sont prodigieusement semblables à ceux qu'employèrent les auteurs des réformes d'après 1807.

Mais ils sont empêchés dans ce rôle par le parti social-démocrate, me direz-vous.

Empêchés ? Non, gênés peut-être. C'est un fait qu'au lieu d'avoir à lutter comme les Scharnhorst, les Stein et les Boyen, après Iéna, contre un Frédéric-Guillaume III qui avait peur pour son trône et contre un chancelier Hardenberg qui avait peur d'innovations militaires suspectes à ses yeux de jacobinisme, ces officiers d'aujourd'hui ont à combattre contre le parti social-démocrate qui constitue la majorité du Gouvernement et qui a peur du militarisme d'avant guerre. Mais c'est également un fait que le parti social-démocrate et son ministre Noske, si fort qu'ils détestent et redoutent le militarisme impérialiste d'avant guerre, ont accepté d'appliquer tout un ensemble de mesures pour reconstituer la force militaire allemande.

A cette heure, le gouvernement social-démocrate a mis sur pied une armée.

Comment de telles contradictions sont-elles possibles ?

Le Gouvernement de Noske a cru avoir besoin d'une force armée solide pour repousser les excès des partis extrémistes. La nation entière, dans sa haine contre le noble peuple polonais, l'esclave d'autrefois, exigeait que les frontières orientales fussent sérieusement gardées. Le bolchevisme enfin fut, lui aussi, habilement exploité par l'état-major allemand pour obtenir du gouvernement le maintien de forces considérables.

Des effectifs, du matériel, des munitions, ne suffisent pas pour faire la guerre. Existe-t-il dans la nation allemande prise dans son ensemble à cette heure un esprit guerrier et une volonté de revanche ?

Je réponds nettement « non ! ». Cet esprit et cette volonté sont loin d'exister dans la généralité du peuple allemand, et je crois que parmi ceux qui travaillent à reconstituer ce moral guerrier, à retremper l'âme allemande, il n'en est pas un seul qui songe à se lancer tout de suite dans la mêlée.

L'Allemand ne perd pas son temps en récriminations. Il se met devant un fait qui lui apporte des données positives, et c'est d'après ces données qu'il agit et agira. Il s'organise à cette heure pour profiter de toutes les circonstances diverses qu'il imagine pouvoir se produire.

Pendant cette période de reconstitution, il cherchera par son application et par une sorte de repentir de surface à se concilier à nouveau les bonnes grâces de l'univers. Quelle bonne affaire pour lui, si par son attitude bonasse et humanitaire, il pouvait inciter le monde entier à un désarmement général ! Pendant ce temps, il entretiendra chez lui le feu sacré dans les universités, les écoles, les associations innombrables. Pendant ce temps, il ne cessera pas de regarder au-dehors, chez nous, chez nos alliés ; il étudiera le fort et le faible des coteries qui se seront formées ; il aidera qui peut l'aider et puis se tiendra à l'affût. Il est prêt à profiter de toutes les occasions et même à les susciter.

L'Allemagne veut obtenir la revision du traité. Elle va multiplier les efforts pour intervenir dans la politique intérieure des divers pays alliés et, d'une manière générale, pour créer une situation troublée.

Disons-le en passant, c'est une chose hautement caractéristique de voir que Ludendorff dans son livre attribue la victoire des alliés en grande partie à leur propagande dans l'intérieur de l'Allemagne et qu'ainsi il incite l'Allemagne à multiplier sa propagande chez nous et chez nos alliés. A l'entendre, on s'assure que le plus grand effort des Allemands va être immédiatement de redoubler par l'or et par des doctrines appropriées contre le moral des divers alliés.

Désarmer l'adversaire, lui enlever le fusil des

bras, en créant chez lui un état d'esprit, ce sera le travail allemand. Je l'indique en passant à la haute vigilance patriotique du Gouvernement et de l'Assemblée.

Pour l'instant comment pourrait-on avoir un doute sur la volonté de l'Allemagne de saisir la première occasion de renier sa signature de Versailles quand nous voyons qu'elle refuse de nous remettre le charbon et les criminels qu'elle s'est engagée à nous livrer ?

Allons-nous remettre en question ce qui est acquis par d'immenses sacrifices de notre richesse et par la mort de notre élite la plus glorieuse ? Que fera notre Gouvernement, que feront les alliés, quelles sanctions comptent-ils prendre? Ce sont là des questions qui inspirent la plus grande angoisse au pays.

Ce n'est plus l'heure d'examiner la convenance des conditions qui ont été fixées à l'Allemagne. Elle les a accéptées, ces conditions ; elle a signé. Les alliés ne peuvent pas tolérer que l'Allemagne n'exécute pas les clauses du traité de Versailles. Elle nous guette. Que nous faiblissions sur un point, c'est le traité tout entier qui n'existera plus. (*Applaudissements.*)

Je vous demande, monsieur le ministre, quelles sanctions vous allez prendre vis-à-vis de l'Allemagne au chiffon de papier.

Les faits que nous relevons en Allemagne ne nous montrent que trop que les relations correctes et pacifiques qu'après la guerre nous voudrions pour la tranquillité du monde établir avec nos adversaires d'hier ne sont pas sur le point d'être possibles. Mais il y a une autre région de l'Allemagne, celle-là même que nous occupons, et où l'état des esprits est bien différent, au point que nous y pourrions, à mon avis, dès maintenant, établir ce *modus vivendi* utile pour la paix du monde. (*Très bien ! très bien !*)

Les Rhénans, d'un naturel pacifique, intelligents, généralement fort instruits, ayant peu d'élan, d'initiative, se resserrent aujourd'hui, tout entiers dans leurs organisations économiques. Hier, ils étaient enfiévrés par le pangermanisme : ils sont à cette heure dominés par le sentiment de l'ordre. Ils veulent vivre tranquilles chez eux et avoir des commodités de vie. Ils répètent continuellement et sur tous les tons: « Nous ne voulons pas nous occuper de politique ni de religion... Nous voulons fonder des associations qui ne soient ni religieuses, ni politiques, mais purement professionnelles. » Et c'est vrai, ces gens ne s'intéressent qu'à leurs syndicats, à leurs organisations de secours contre la maladie, contre la vieillesse, contre le chômage.

Leur état d'esprit rayonne dans toute l'Allemagne. La classe ouvrière chrétienne et socialiste y tient le gouvernement. Elle a une organisation syndicale qui date de 1860 avec des chefs éclairés et tenaces. Les syndicats ouvriers y comptent sept millions de membres, avec de puissantes organisations industrielles, sept millions d'ouvriers catholiques s'appuyant sur un même programme économique. Ne viennent-ils pas d'organiser le conseil économique d'empire provisoire ? C'est un Parlement du travail, dont les membres sont désignés par les syndicats de patrons et d'ouvriers, et il jouera peu à peu un plus grand rôle que le Reichstag. C'est pour beaucoup l'œuvre des Rhénans. Les hommes politiques du Rhin gouvernent à Berlin, mais y resteront-ils ? Ne seront-ils pas chassés par une réaction venue de la Poméranie et de la Prusse orientale ?

Nous sommes plus sûrs de la solidité de cet état de choses et des esprits aux pays rhénans. Et puis, enfin, c'est avec les Rhénans que nous avons directement à agir. Gouvernants, comment vous y prendrez-vous ?

Avec eux, c'est folie si nous voulons faire de la politique de classe ou de religion ou de parti. Il faut aller aux intérêts. Leurs intérêts sont leur point sensible. Sans nous inféoder à aucune classe, à aucun parti nous devons entrer en rapport avec les organisations économiques et sociales du pays rhénan.

En rapport ? Pour quel but ? J'ai été frappé, il y a quelques minutes, au moment où j'entrais dans cette séance, d'être abordé par un collègue, un adversaire, qui m'a dit fort courtoisement : « Mais qu'est-ce que vous voulez, puisque nous occupons la rive gauche du Rhin ? » Ce que je veux, ce que nous voulons tous, il est nécessaire de le répéter : « Pas d'annexion ». Nous pouvons avoir eu là-dessus des opinions diverses, mais nous prenons les choses au point où elles sont et nous proclamons très haut, de manière à être entendus ici, dans la Rhénanie et ailleurs, qu'il ne s'agit en aucune manière d'annexion. (*Vifs applaudissements.*)

Il s'agit de profiter de certaines dispositions historiques et de retrouver dans ce sol d'alluvions des parentés que nous pouvons ranimer. Ces parentés, un long temps, ont été singulièrement recouvertes par la Prusse et par la prospérité que la Prusse avait assurée à ces pays. Mais cette période de prospérité prussienne a disparu, et il appartient à la France d'organiser une prospérité rhénane étroitement accordée avec la prospérité française. (*Applaudissements.*)

Comment s'y prendre ? Il faut dresser un programme de politique rhénane, un programme qui tienne compte, avant tout, des questions économiques. Quels sont les besoins du Palatinat, de la Hesse, de la vallée de la Moselle et de la province rhénane ? Quels produits peuvent-ils fournir ? Quels produits pouvons-nous leur apporter ? Comment régler les tarifs de chemins de fer et de navigation ? Quels travaux d'utilité publique d'intérêt commun y a-t-il lieu d'entreprendre ? Comment des expositions d'art qui amèneraient à conclure des affaires peuvent-elles être organisées ? Comment amorcer les rapports entre sociétés littéraires, entre sociétés savantes, entre associations littéraires et artistiques de tous ordres ? (*Très bien ! très bien !*)

C'est peut-être l'affaire de la commission des affaires étrangères de s'en informer. C'est peut-être à elle de dire au Gouvernement : Apportez-moi des éléments. Tous les ministres compétents peuvent nous apporter leur part du travail.

Monsieur le ministre de l'instruction publique, vous paraît-il possible que des petits Allemands qui suivent les cours du lycée français de Mayence aient les mêmes avantages que s'ils fréquentaient un gymnase allemand ? Peut-on songer à des équivalences de diplômes scolaires entre universités ?

Monsieur le ministre de l'agriculture, il existe sur la rive gauche du Rhin de puissantes associations de paysans, c'est-à-dire de moyens propriétaires. Le syndicat vinicole du pays de Trèves compte trente-cinq mille membres. Il ne vous échappera pas, à vous, monsieur le ministre, qui connaissez si bien nos organisations françaises, l'intérêt qu'il y aurait à ce qu'elles se missent en rapport avec ces associations agricoles rhénanes et à ce que vous-même vous vous renseigniez sur leur caractère et leurs préoccupations.

Monsieur le ministre du travail admet-il qu'il y ait lieu d'examiner au bénéfice des ouvriers rhénans qui viendraient travailler en France l'établissement de quelque chose d'analogue à la convention dont les ouvriers italiens bénéficient en France et au Maroc pour les caisses d'épargne, pour les assurances sur les maladies, sur les accidents ?

Quelles seraient les conditions de commerce préférentielles que la France serait autorisée à appliquer aux régions de la rive gauche du Rhin ? Tarifs de douanes, tarifs de chemins de fer, tarifs de navigation, circulation de voyageurs de commerce ?

Quand tout cela qu'il faut étudier immédiatement sera-t-il possible ? Si nous fournissons des engrais à un syndicat agricole rhénan, si nous mettons des tuiles à la disposition des syndicats ouvriers pour couvrir les maisons de leurs adhérents, nous avancerons sûrement le rapprochement entre les deux nations.

M. Léon Escoffier (Nord). Tout cela, c'est de l'annexion déguisée. (*Exclamations à gauche, au centre et à droite.*)

M. Maurice Barrès. Mon cher collègue, pour achever de dissiper des inquiétudes qui ne doivent exister dans aucun esprit, je suis tout prêt en descendant de la tribune à prolonger avec vous cette conversation.

Au reste, ces propositions que j'esquisse, étudions-les avec les Rhénans. Créons des commissions mixtes. Nous en avons déjà parlé lors de la discussion d'août-septembre de l'année dernière. La Chambre avait paru approuver unanimement l'idée de créer des commissions franco-rhénanes, où se rencontreraient des hommes compétents de l'une et de l'autre nation, et qui pourraient, en examinant ces questions économiques, commencer à créer la seule chose que je demande, nullement une annexion, mais une série de rapprochements permettant de détourner ces populations de l'influence prussienne et de les amener à une activité mêlée à la nôtre, qui soit une garantie pour la paix du monde. (*Applaudissements au centre, à droite et sur plusieurs bancs à gauche.*)

M. André Tardieu. Voulez-vous me permettre

de vous interrompre pour appuyer votre thèse
d'un fait qui en est l'illustration ?

M. Maurice Barrès. Volontiers.

M. André Tardieu. Le gouvernement français
s'est préoccupé, bien entendu, de trouver en
Allemagne des matières premières et des produits fabriqués, pour la reconstitution de nos
régions libérées.

Les associations industrielles et commerciales
rhénanes nous ont fait remarquer que, si nous
demandions ces produits, en vertu du traité de
paix, nous les aurions par Berlin et que, de ce
fait, l'emprise de Berlin sur la Rhénanie serait
augmentée.

La considération a paru intéressante et, quand
j'avais l'honneur d'être ministre des régions
libérées, il a été décidé que des achats directs
seraient faits aux associations commerciales et
industrielles de la Rhénanie, afin d'encourager
leur vie propre et leurs relations avec nous.

Je suis assuré que ces directives ont continué
à être pratiquées par mon très distingué succes-
seur M. Ogier. (*Applaudissements.*)

M. Maurice Barrès. Ces faits doivent être
portés à la connaissance de l'opinion publique.
Je remercie M. Tardieu. Il est utile que la politique de la France soit précisée et l'opinion
publique dirigée pour que, tous, nous collabo-
rions à l'activité rhénane du Gouvernement
(*Applaudissements.*)

Disons-le en passant : l'économie politique ne
suffira pas pour susciter le réveil des anciennes
parentés entre la Rhénanie et la France. Il faudra

qu'à un instant donné nous dépassions les intérêts matériels, il faudra atteindre les âmes. Nous
y arriverons avec la collaboration des historiens,
des poètes et des représentants de tous ordres de
la spiritualité française.

Mais nous n'obtiendrons rien si d'abord nous
ne créons un courant d'intérêts. Les Rhénans
n'aiment pas la Prusse : ils ont, cependant, tous
chez eux le portrait de Bismarck, parce que Bismarck leur a apporté un immense bien-être
économique. Celui qui leur garantira leur fortune aura leur sympathie.

M. Fernand Engerand. Ils ont également le
portrait de Napoléon.

M. Ferrette. Pour la même raison.

M. Maurice Barrès. Le souvenir de Napoléon
et des grands administrateurs français du début
du XIX⁰ siècle, c'est en effet un point d'attache. Mais si vous avez parcouru ces formidables pays de développement industriel, si
vous connaissez les organisations économiques
dont je parlais, vous savez que ces côtés senti-
mentaux, si intéressants qu'ils puissent être, ne
sont pas décisifs. (*Très bien ! très bien !*)

S'il était permis d'essayer de résumer les
caractères si complexes de deux grandes nations
en deux mots, on pourrait dire que cette Rhénanie est organisation, et que la France est
apostolat. (*Très bien ! très bien !*)

Quel apostolat leur apporterons nous ? Ce
qu'ils nous ont demandé pendant dix-neuf siècles :
de l'humanité, quand la Prusse leur offre sa
dure apologie de la force dont ils viennent de

reconnaître l'inefficacité. La Prusse ne vaudra plus aux yeux de ces populations, quand elles verront que cette force a été brisée et qu'elle a cessé d'être efficace. (*Applaudissements.*)

Je me résume et je termine.

La dernière Chambre a voté et interprété le traité. Dans une discussion qui demeure son honneur, elle a inscrit dans les marges de cet instrument diplomatique une série d'observations qui doivent valoir pour l'interpréter et qui constituent véritablement un cahier de doléances. Le devoir de cette Chambre-ci, c'est de surveiller l'exécution du traité. Nous prions le Gouvernement de comprendre que nous aurons souvent à revenir à la tribune pour lui demander des éclaircissements, pour lui donner des indications, pour lui faire savoir les préoccupations de l'opinion publique et pour l'inviter à les rassurer, à les diriger et à s'appuyer sur elles.

L'attitude de l'Allemagne et ses refus de s'exécuter sont intolérables pour la fierté et pour les intérêts de la France et pour la sécurité du monde. (*Très bien ! Très bien !*)

Quelles sanctions le Gouvernement veut-il prendre pour le désarmement matériel de l'Allemagne ? Quelle organisation peut-il établir dans les pays rhénans pour faciliter ce que j'appelle le désarmement moral et enfin de montrer à l'Allemagne qu'il y a moyen de s'entendre avec la France et de créer des rapports dès l'instant qu'elle se dérobera aux influences prussiennes ? (*Très bien ! très bien !*)

Cette question des sanctions et cette question

de l'organisation peuvent se résoudre par les mêmes résolutions.

Avant-hier, monsieur le ministre — je m'en réfère au communiqué public de vos explications devant la commission des affaires extérieures — vous avez dit que vous pouviez recourir aux articles du traité de paix qui permettent aux alliés de prolonger l'occupation de la rive gauche du Rhin jusqu'au jour où l'Allemagne aurait fait honneur à sa signature. Si l'Allemagne n'exécute pas les clauses qu'elle a signées, nous resterons sur la rive gauche. Cela est bien.

J'ajoute que notre action économique dans les pays rhénans est gênée par les manœuvres du gouvernement allemand. Eh bien ! dans les conversations qui vont avoir lieu entre les Alliés, il y a moyen, en s'appuyant sur ce fait que l'Allemagne n'exécute pas le traité, de prendre des sanctions non prévues par le traité et, pour ce fait, d'ordonner des mesures économiques nouvelles dans ces territoires rhénans, dont l'occupation est précisément présentée comme la garantie des engagements pris par l'Allemagne, le 28 juin, à Versailles. *(Très bien ! très bien !)*

Renforçons ce qui a été fait d'excellent par les soldats pendant la première période de l'armistice, qui était la période purement militaire. Nos soldats et nos chefs se sont montrés de grands diplomates et ont su se concilier le respect, l'estime et la sympathie de ces populations. *(Très bien ! très bien !)*

M. Ybarnégaray. C'est pourquoi on les a rappelés.

M. Maurice Barrès. Il importe que, dès cette minute, nous fassions voir à l'Allemagne, ou plutôt aux Allemagnes (*Applaudissements*) qu'il y a moyen pour elles, dès l'instant qu'elles s'écartent de la Prusse et qu'elles rejettent ce qui a été un ferment mortel pour le monde, qu'il y a moyen, dis-je, qu'elles retrouvent en France des sympathies que nous avons dû considérer comme des chimères pendant cinq années, mais qui devaient pourtant bien correspondre à quelque chose de vrai, puisque, pendant plus d'un siècle, ces chimères ont enchanté les plus illustres et les plus sincères des Français. (*Applaudissements.*)

Les paroles que je voulais prononcer à cette tribune s'adressent tout directement au Gouvernement et à mes collègues, mais je crois qu'il est de la plus grande utilité que, dans cette Rhénanie même, où, dès maintenant, de grandes espérances se sont éveillées et où ressuscite une âme héréditaire, on sache qu'il y a des possibilités de recréer avec la France des rapports corrects et pacifiques. (*Applaudissements.*)

Obtenons le temps et les moyens de faire en Rhénanie la politique de la France et donnons à toutes les Allemagnes le modèle d'un régime qui, sans porter atteinte à la conscience germanique des populations, les délivre de la prépondérance désormais odieuse et inefficace de la Prusse. (*Vifs applaudissements sur un grand nombre de bancs.*)

M. le président. La parole est à M. le Président du conseil.

. . . .

M. Alexandre Millerand, *président du conseil, ministre des affaires étrangères.* Le traité, dis-je, contient un article 429, dont le premier paragraphe est ainsi conçu ;

« Si les conditions du présent traité sont fidèlement observées par l'Allemagne, l'occupation prévue à l'article 428 sera successivement réduite, ainsi qu'il est dit ci-après. »

Il est donc nettement établi par cet article que la durée de l'occupation est directement fonction de l'exécution, par l'Allemagne, de ses obligations. (*Très bien ! très bien !*)

J'ai, en conséquence, l'intention de prévenir l'Allemagne qu'en face d'une inexécution flagrante d'une de ses obligations, pour nous des plus importantes, je considère que les délais prévus pour l'évacuation sont suspendus et ne courent pas. (*Applaudissements.*)

J'en aurais fini si je n'avais à remercier M. Maurice Barrès d'avoir porté ici, dans un beau langage, l'exposé des moyens par lesquels il estime qu'en même temps que le désarmement matériel de l'Allemagne, nous devons en poursuivre un autre, plus important peut-être encore, son désarmement moral. M. Maurice Barrès peut être assuré que, pour cette tâche, le Gouvernement est, dans les limites du traité, résolu à lui prêter à lui et à tous ceux qui s'associeront à lui, un concours sans réserve. (*Vifs applaudissements à gauche, au centre et à droite.*)

IV

Aidons la Rhénanie à s'organiser.

*Séance de la Chambre des Députés
du 27 mars 1920*

M. le président. La parole est à M. Maurice Barrès.

M. Maurice Barrès. Au moment où nous sommes arrivés de cette discussion intéressante, mais déjà longue, j'abrégerai et resserrerai les explications que je voulais soumettre à la Chambre. Je les ferai porter sur un seul point, mais essentiel : les territoires que nous occupons, la rive gauche du Rhin.

On peut énumérer toute une suite de puissantes garanties inscrites dans le traité de Versailles et qui nous devaient répondre de son exécution. Aujourd'hui que sont-elles devenues ?

Nous avions les conventions avec l'Amérique et l'Angleterre. — Ces conventions de garantie ou de secours militaires sont pratiquement annulées sans avoir été dénoncées. Les réserves du Sénat des Etats-Unis, qui n'est pas une chambre d'enregistrement, mais un organe de gouvernement en matière de politique extérieure, n'autorisent plus aucune illusion. Et par voie de conséquence, le traité franco-anglais s'évanouit, puisqu'il ne doit valoir qu'au moment où sera ratifié le traité franco-américain.

Nous avions le désarmement de l'Allemagne. — Les événements prouvent que chaque village allemand possède son arsenal de fusils et de mitrailleuses.

Nous avions la neutralisation de 50 kilomètres sur la rive droite du Rhin. — Eh! bien, allez donc voir de Francfort à Duisbourg, la guerre civile fait rage dans toutes les villes de la rive droite en bordure du fleuve.

Nous avions le pouvoir d'investigation en Allemagne. — Nos officiers de contrôle rencontrent de continuels obstacles de la part du gouvernement et sont insultés et frappés par la populace.

Que nous reste-t-il donc ?

L'occupation de la rive gauche du Rhin.

Utilisons ce gage rhénan. Tirons-en toute son efficacité. Il est grand temps que nous organisions cette rive gauche de façon à permettre à ses habitants de suivre leur destinée, conformément aux intérêts de la France, aux intérêts de la paix mondiale et à leurs propres intérêts, tels qu'ils désirent les faire valoir, s'ils n'en sont pas empêchés par les agents prussiens. (*Très bien ! très bien !*)

Quelles difficultés à cette organisa'ion ? Quels obstacles nous empêchent d'avoir une politique rhénane agissante ?

Nous pouvons y procéder sans contredire au-

cune des clauses du traité, et s'il fallait quelques
retouches, le conseil suprême économique de
Londres nous a montré fort heureusement
qu'elles peuvent être apportées aux modalités
du traité. Nous entendons encore la voix, sinon
les paroles mêmes, de M. Clemenceau, nous di-
sant à cette tribune qu'un tel traité si laborieu-
sement enfanté a nécessairement le défaut des
œuvres humaines, et que ceux qui l'ont imposé
à l'Allemagne ont admis la possibilité de compléments et de mises au point. S'il faut pour ces
retouches que nous nous entendions avec nos
alliés, leur bonne volonté ne nous manquera
pas. Hier, M. le président du conseil, confirmé
par M. Barthou, et tout à l'heure M. Briand, ont
dit, aux applaudissements unanimes de la
Chambre, que la France, en défendant ses droits
et ses intérêts auprès des alliés, ne fera jamais
appel en vain à leur loyauté et à leur amitié. Or,
ce n'est pas de la France seule qu'il s'agit ici. Il
s'agit de suppléer à des garanties qui devaient
assurer la paix du monde. Les intérêts de la
France sur le Rhin, ce sont les intérêts de la
paix universelle, ce sont les intérêts de tous les
alliés...

M. le président du conseil (1). Très bien !

M. Maurice Barrès.... et nous n'entrevoyons
pas une autre politique, que l'entente parfaite
avec eux pour la sécurité des peuples. (*Applaudissements.*)

Quelles difficultés y a-t-il donc à appliquer
cette politique rhénane ? Une seule : l'ignorance

(1) M. Millerand.

où l'on est dans le monde entier sur cette question du Rhin. Elle est chargée de préjugés et de malentendus. Eh bien ! projetons-y le plus de lumière et de bonne foi que nous pourrons.

Aussi bien depuis que la Chambre s'est occupée du problème, un fait nouveau, véritablement scandaleux, s'est passé dans la Rhénanie.

Au lendemain même du traité, et au grand scandale des amis que nous avons parmi elle, les ministres prussiens sont venus se promener au milieu de ces populations et les exciter contre nous. Oui, ces mêmes ministres prussiens, dont a main a été vue dans le pronunciamento militaire de Berlin — je veux parler de Heine — sont venus sur le Rhin, dans les provinces que nous occupons.

Est-ce que nous avons entendu dire qu'en 1871, 72, 73, M. Thiers soit allé se promener à Nancy alors que les Allemands occupaient nos territoires jusqu'au règlement de l'indemnité de guerre ? (*Applaudissements*).

Ces ministres sont venus exciter de ville en ville la population contre nous, et quand ils sont rentrés à Berlin, ils ont dit, dans des paroles officielles, enregistrées par tous les journaux : « La politique que la France fait sur le Rhin est singulièrement habile et dangereuse pour l'Allemagne. »

Non ! notre politique sur le Rhin n'est pas habile, ni dangereuse pour l'Allemagne. Mais ce qu'avaient constaté les ministres prussiens, c'est que, bien que nous ne suivions aucune politique agissante en Rhénanie, il y a régné contre eux un sentiment de détachement, d'hostilité, qui va, dans certaines parties de la population, jusqu'à la plus vive hostilité.

Et pourquoi ce sentiment existe-t-il ? Parce que la Prusse n'a pas là ses attaches naturelles et qu'elle traite ces territoires en véritable colonie, alors qu'ils voudraient poursuivre leurs propres destinées. Aussi notre rôle n'est-il pas d'y mener une politique de combat ou de conspiration, mais d'intelligence, afin de permettre à cette population de penser et de s'organiser librement. (*Très bien ! très bien !*)

Les Rhénans veulent vivre en paix au bord de leur fleuve, se donner un régime conforme à leur génie naturel et s'organiser dans leurs limites.

Pour s'organiser, il faut former un tout économique. Aidons les à former cet organisme qui se suffise et qui puisse se développer sans entrave.

Mettons-nous en relation avec les cartels des organisations industrielles et ouvrières pour la reconstruction des régions dévastées. Aux organisations industrielles, demandons des objets manufacturés. M. Tardieu m'interrompait utilement il y a quelques semaines, le 6 février, pour nous informer que des achats directs allaient être faits par M. Ogier aux associations industrielles de la Rhénanie. Qu'est-il advenu de ce projet ?

Aux associations ouvrières, demandons de la main-d'œuvre. La confédération générale du travail s'est offerte pour participer à ces négociations. Nous souhaitons que les syndicats ou-

vriers français et rhénans fassent des ententes à
ce sujet et prennent ainsi à leur charge une part
de l'œuvre de reconstruction, le Gouvernement
restant évidemment maître de la répartition et
de l'ordonnance des travaux. Et, dans ce cas,
nous désirons que, dans les conventions établies
les ouvriers rhénans puissent jouir des avantages dont bénéficient les ouvriers italiens, en
France et au Maroc, pour les caisses d'épargne,
les assurances sur les maladies et les accidents.

Aux mêmes organisations industrielles et
ouvrières, nous devons demander qu'elles nous
fassent connaître leurs besoins et leurs désirs.
Avec leur collaboration, nous pourrons établir
tout un programme d'action économique. Je
voudrais qu'il fût délibéré dans des commissions
mixtes franco-rhénanes. Nous avons déjà eu
l'occasion de soumettre ses grandes lignes à la
Chambre. Quels sont les besoins du Palatinat,
de la vallée de la Moselle et de la province rhénane ? Quels sont, en particulier, leurs besoins en
charbon ? Les industriels rhénans sont tribu-
taires, pour le charbon, de la rive droite ; eh
bien ! Berlin a dressé des listes noires qui privent
de charbon les industriels francophiles. Notre
Gouvernement ne devrait-il pas prendre en main
la surveillance du ravitaillement en charbon de
la rive gauche...

M. Alexandre Varenne. Et de sa répartition.

M. Maurice Barrès... et de sa répartition ? (*Très
bien ! très bien !*)

Quels produits pouvons-nous échanger de
France en Rhénanie ? Quels travaux d'utilité pu-

blique et d'intérêt commun pouvons-nous entreprendre ? Comment régler les tarifs de chemin de fer et de navigation, les tarifs de douane et la circulation des voyageurs de commerce ? Quelles seraient les conditions de commerce préférentielles que la France serait autorisée à appliquer aux régions de la rive gauche ?

Et enfin souvenons-nous que nous possédons le tout-puissant article 270 du traité de Versailles : « Les puissances alliées et associées, dans le cas où ces mesures leur paraîtraient nécessaires pour sauvegarder les intérêts économiques de la population des territoires allemands occupés par leurs troupes, se réservent d'appliquer à ces territoires un régime douanier spécial, tant en ce qui touche les importations que les exportations. »

Il y a là tout un programme d'action économique. Il faudrait la doubler d'action intellectuelle. Je suis impatient d'exposer à la Chambre ce que celle-ci pourrait être et comment nos universités, l'université de Strasbourg, en première ligne, pourraient la servir. Mais commençons par l'action économique. L'intellectuelle, si elle est isolée, est condamnée à un échec.

Au reste, messieurs, l'action économique, l'action intellectuelle suffiraient-elles à créer sur le Rhin un état de choses qui garantît la sécurité du monde contre la Prusse ? Nous ne pouvons pas le croire. Il faut une politique totale. (*Applaudissements.*)

Cette région rhénane, dans sa plus grande

étendue, est une partie intégrante de la Prusse.
Installée là en 1815, la Prusse y demeure sans
l'assentiment des populations. Vous en voulez
la preuve? Regardez avec quelle spontanéité les
Rhénans viennent de réagir contre l'éternel
esprit prussien ; regardez comment ils ont protesté contre le coup de force du 6 mars. Des
frontières d'Alsace jusqu'aux frontières de Hol-
lande, dans toutes les villes qui bordent le Rhin,
voyez se dérouler de puissants cortèges. Mani-
festations, je ne dis pas pour la France ; ce
n'est pas de cela qu'il s'agit, mais contre Berlin.
(*Très bien! très bien! au centre et à droite.*)

Les Rhénans ne veulent plus être dominés par
les hobereaux de la Poméranie et de la Prusse
orientale. C'est le devoir du Gouvernement
français de s'accorder avec le sentiment de ces
populations.

Le ministre prussien Heine, qui en février
dernier venait impudemment exciter les esprits
contre les alliés sur les territoires que nous
occupons, a été compromis dans le coup de
force de Berlin et contraint à démissionner. Il a
été contraint, mais nous ne savons que trop que
tous les ministres prussiens seront des Heine.
La notion de l'Etat prussien pèsera toujours sur
eux et les soumettra au joug de sa tradition de
force. De là s'impose à nous la nécessité d'envi-
sager des mesures vitales. Il ne faut pas que le
trafic d'armes qui se fait de l'autre côté du Rhin
puisse se donner libre cours dans les régions
occupées. Et de même qu'un contrôle international s'exerce sur la navigation du Rhin, on

voudrait que la vigilance des alliés se saisît du contrôle sur le réseau ferré des régions rhénanes — non pas, je le répète, un contrôle exclusivement français, mais un contrôle international, tel le statut du Rhin. (*Très bien ! très bien !*)

Enfin est-il tolérable que cette Prusse demeure la maîtresse des pays accolés à notre frontière, et laissera-t-on subsister cette création de la Sainte Alliance, uniquement dirigée contre la France que l'on prétendait châtier et contenir ? Refusera-t-on d'entendre les vœux des pays rhénans ? Ils ne veulent pas sortir du cadre de l'empire allemand, mais ils veulent être dotés d'un statut qui leur donne l'autonomie, les prérogatives et le nom d'un Etat. Servons leur volonté.

Ce n'est pas seulement sur la rive gauche du Rhin qu'il y a de puissantes aspirations à se libérer de l'influence prussienne. Elles se sont fait jour dans les Etats du Sud, mais elles ne s'y limitent pas. Dans toutes les parties de l'Allemagne, le pronunciamiento de Berlin est venu renforcer et justifier une défiance déjà ancienne. Dans toute l'Allemagne, il est des fractions importantes de la population qui veulent vivre pacifiquement et respirer à l'aise sans le poids de la Prusse. Que notre politique à l'égard de la Rhénanie leur soit un enseignement, un conseil, un appel !

C'est en ce sens que nous invitons le Gouvernement à exercer son action diplomatique et, sur le Rhin, une action locale. Aidons la Rhénanie à s'organiser, c'est une des tâches les plus claires et les plus faciles que nous puissions accomplir dans cette période de redoutable obscurité.

Et cette tâche, nous devons l'accomplir en plein accord avec nos alliés, mieux renseignés. Les alliés veulent comme nous désarmer moralement et matériellement l'Allemagne ; nous voulons comme eux favoriser son relèvement économique. Il n'y a pas de région allemande où nous puissions mieux qu'en Rhénanie travailler à cet ordre nouveau, à cet ordre allemand, mais non prussien.

Pour le désarmement matériel et moral du Reich, il s'agit de favoriser toutes les parties de l'Allemagne qui veulent se soustraire à la domination prussienne, à l'empoisonnement de l'esprit prussien, et se développer pacifiquement sous un régime d'ordre et de liberté. Qu'attendons-nous pour dresser un modèle sur le Rhin et encourager ainsi la rénovation de la vie allemande ? (*Vifs applaudissements.*)

V

La Politique de la Ruhr

*Séance de la Chambre des Députés
du 30 juillet 1920*

M. le président. La parole est à M. Maurice
Barrès.

M. Maurice Barrès. Messieurs, au point où est
arrivée la discussion, je serai très bref. Je laisse
tomber la plupart des arguments et considérations que je voulais porter à la tribune.

Ces arguments ont été exposés par les orateurs qui m'ont précédé, par les deux rappor-
teurs, par le président du conseil et maintenant
nous pouvons juger de la question en toute clarté.
Je ne prendrais donc pas la parole si je ne voulais appeler votre attention sur un comparti-
ment particulier dans l'ensemble de la question.

Je voudrais que ce protocole du charbon nous
le reportions en quelque sorte des régions
abstraites où nous l'avons examiné avec tant de
fruit et que nous le placions dans les territoires
même où il doit se développer. Je voudrais que

nous regardions quel peut être son effet au milieu des populations de la Rhénanie et de la Ruhr. (*Très bien ! très bien ! à droite et au centre.*)

Les cinq marks or de prime que nous nous engageons à payer pour chaque tonne de charbon seront employés à l'alimentation des populations de la Ruhr. Ah ! certes, nous regrettons tous que cette alimentation ne puisse leur être fournie directement par les alliés et que le bénéfice puisse, en apparence, en être rapporté en partie à l'intervention de Berlin. Disons du moins à ces mineurs de la Ruhr que la France a moins fait de difficultés pour cette clause du protocole que pour aucune autre et que nous avons senti qu'il y avait une convenance dont nous prenions notre parti, de faire face aux nécessités alimentaires des travailleurs du bassin minier. (*Applaudissements à droite, au centre et sur divers bancs à gauche.*)

Les 200 millions de francs dont nous aurons à faire l'avance chaque mois, durant un semestre seront-ils consacrés à l'alimentation de la Ruhr? Non à l'alimentation de l'ensemble de l'Allemagne. Et même sera-ce à l'alimentation? Ce peut être à l'achat de matières premières et d'outillage. Mais qu'il s'agisse des primes de 5 marks or ou des avances de 200 millions, nous devons exiger — et je compte bien que je suis d'accord avec le Gouvernement — que nous suivrons notre argent, que nous connaîtrons son emploi.

Nous le connaîtrons dans la Ruhr, pour

laquelle il est tout spécialement destiné. Mais nous aurons à veiller aussi, à ce que cet argent, distribué à notre grand regret sur toute l'Allemagne, atteigne ces populations de la Rhénanie, que nous avons prise en charge de par le traité. (*Très bien ! très bien !*)

Cette surveillance que nous allons exercer sur l'emploi de notre argent, c'est un élément important pour amorcer notre politique dans la Ruhr et pour la fortifier dans la Rhénanie. En effet, ni la politique de la Ruhr, ni celle de la Rhénanie, ne peuvent consister, simplement, à occuper un territoire. L'occupation militaire du territoire ne suffit pas. Ce n'est pas la pénétration des armées alliées qui doit seule constituer notre action. Si les circonstances nous amenaient à prendre ce gage et le contrôle des charbons, nous devrions joindre, nécessairement, à cette mesure un ensemble d'actions propres à rallier à notre influence française les intérêts et les personnes. (*Très bien ! très bien ! à droite et au centre*).

En présence de qui allons-nous nous trouver dans la Ruhr ? La Ruhr est une avancée de la Rhénanie dans la direction de la Prusse. Une population l'habite, assez analogue à la population rhénane, plus docile pourtant, et peut-être moins rebelle à l'influence de Berlin. Après 1815, elle s'est soumise, plus aisément, à la Prusse. Les mineurs ont énormément souffert pendant la guerre pour l'exécution du programme charbonnier d'Hindenburg. Depuis l'armistice, ils ont continué d'être nourris d'une

manière insuffisante. Nous nous trouvons là en
présence de gens énervés, enfiévrés, aujour-
d'hui dépourvus de toute direction morale et
prêts, dans leur désarroi, à se jeter d'un côté
ou de l'autre. Dans leur ensemble, ce sont des
catholiques, désireux, comme leurs voisins
catholiques de Rhénanie de vivre et de travailler
en paix, et aussi éloignés par nature de l'abso-
lutisme prussien que du communisme révolu-
tionnaire. Quand ils se sont dressés au début de
cette année, c'était par indignation contre les
bandes prussiennes qui pénétraient dans Berlin
et dont ils estimaient qu'elles voulaient ramener
le régime du Kaiser détesté. Or ils ont eu à
subir cette extrémité pénible que l'ordre a été
rétabli au milieu d'eux par ces bandes prussiennes qui avaient été l'occasion de l'ordre
troublé (*Applaudissements.*), qui ont apporté,
dans la répression, une violence extrême.
Dans ces temps derniers, après tant de fusil-
lades, de massacres, d'atrocités, un millier
d'ouvriers étaient encore dans les prisons prussiennes.

N'empêche que dans le même moment où
cette population est indignée contre la violence
prussienne, elle a besoin d'ordre. Nous avons là
une situation qu'il faut comprendre, qu'il faut
connaître ; nous devrons apporter le plus grand
soin à ce que les primes prévues par la convention soient réellement distribuées au milieu des
mineurs, en objets d'alimentation.

Messieurs, ce n'est pas le Gouvernement, ce
ne sont pas les alliés qui ont inventé le système

des primes spéciales pour l'achat de vivres et la construction de logements. Il fonctionne déjà dans la Ruhr, mais mal et très mal. Les mineurs ne lui ménagent pas leurs reproches. Ils considèrent que trop souvent ils se trouvent frustrés par la bureaucratie prussienne du bénéfice de ces primes.

Veillons à ce que la répartition et l'emploi des primes payées par l'Entente s'exécutent avec équité et régularité. Il y a là un rôle tutélaire qui doit être exercé avec vigilance et fermeté par les alliés. (*Applaudissements.*)

Mais ce rôle tutélaire n'est que l'amorce d'une action sociale plus large.

Déjà la commission d'Essen s'est mise en rapport avec les syndicats et les commissions ouvrières, et elle a commencé à veiller avec des résultats heureux à la nourriture, aux habitations et à l'habillement. Il y a là un mode d'action qui doit être développé.

M. le président du conseil (1). C'est très juste !

M. Maurice Barrès. Ce n'est pas le jour où les circonstances nous obligeraient à pénétrer dans la Ruhr que nous devrions y apporter ce système. C'est dès maintenant. (*Très bien ! très bien !*) Quelles que soient les circonstances et les résolutions auxquelles nous pourrons être amenés par l'inexécution du fait de la Prusse, il y a un rôle pour nous à jouer, un rôle tutélaire ai-je dit, à l'égard de notre gage, et nous devons, dès aujourd'hui, nous constituer comme les défenseurs de ces populations de la Ruhr,

(1) M. Millerand.

avec lesquelles le protocole du charbon vient de
créer pour nous des relations étroites (*Applaudissements.*)

Il serait très utile que cette politique de la
Ruhr fût préparée à l'avance ; notre expérience
de la Rhénanie, vieille déjà de deux ans, nous
en donne impérieusement l'ordre. Les excellents
éléments que nous y avons à notre disposition,
ne donnent pas les résultats que nous serions
unanimes à considérer comme justes et utiles.

M. Marcel-Habert. Vous avez mille fois raison.

M. Maurice Barrès. Pourquoi les commerçants
rhénans restent-ils sous le dur despotisme des
syndicats patronaux de Berlin ?

Pourquoi nos propres commerçants français
installés sur le Rhin sont-ils obligés, peu à peu,
de le quitter, de rentrer en France, tant l'administration prussienne — non pas locale, mais
prussienne — leur crée des difficultés et les met
dans l'empêchement de développer des liens
économiques également utiles pour les Rhénans
et pour les Français.

Pourquoi les universités de Bonn et de Cologne, (celle-ci pourtant créée depuis la fin de la
guerre, avec le rôle spécial de servir d'intermédiaire entre l'Est et la culture occidentale,)
deviennent-elles de plus en plus des foyers de
pangermanisme ?

Pourquoi enfin, la presse catholique du Rhin,
qui a une si longue tradition d'opposition à la
Prusse, affaiblit-elle son ton habituel d'hostilité
et de défiance à l'égard du gouvernement de
Berlin ?

Ce sont là des indices à étudier. Qu'attendons-nous pour affirmer clairement et puissamment la nécessité et la valeur de notre action économique et intellectuelle sur le Rhin et pour soutenir les bonnes volontés si nombreuses que nous avons trouvées là, dès la première heure ? (*Applaudissements.*)

Ce n'est pas, aujourd'hui, le moment où nous voulons, d'un accord commun, rechercher une meilleure méthode pour accompagner notre occupation d'une action bienfaisante et utile. Il y aura un jour, je crois, où nous voudrons tous ensemble faire là-dessus notre examen de conscience. Mais à cette minute profitons de la leçon qui nous est fournie et mettons-nous d'accord pour créer dans la Ruhr les bases d'une action sociale qui lie les intérêts et les personnes à ce qu'il y a de plus raisonnable et de plus généreux dans la civilisation française (*Applaudissements.*)

Messieurs, j'arrive à mes conclusions. Qu'il s'agisse de notre politique allemande, de notre politique de la Ruhr, de notre politique du Rhin, les objectifs sont les mêmes. Nos grandes directions sont précises. Nous voulons d'abord avoir la certitude que nous obtiendrons le charbon indispensable à la vie de notre industrie et à l'existence même de la France. Nous voulons en outre favoriser, comme le disait exactement ces jours derniers M. le président du conseil, les diverses régions de l'Allemagne pour qu'elles puissent se développer librement à l'abri de l'hégémonie prussienne. (*Applaudissements à droite.*) C'est là une condition de la paix du monde.

Enfin, nous voulons maintenir et développer sur le Rhin, en même temps que notre sécurité, des sympathies et une influence ancienne.

Ces conditions seront facilitées, cette action nous sera plus aisée, dans une certaine mesure, du fait du protocle du charbon si dur par d'autres côtés. (*Très bien ! très bien !*) Sans me dissimuler un instant toute l'injustice dont nous sommes l'objet (*Applaudissements à droite.*), en regrettant que le grand peuple anglais, que nous aimons, que nous admirons, se laisse peut-être entraîner à un abus par son puissant génie commercial (*Applaudissements*), j'ai espoir que nous pourrons trouver, dans cette convention du charbon, des éléments pour une action qui fortifiera notre situation dans la Rhénanie. Nous voyons bien, au fur et à mesure que nous essayons de tirer du traité de Versailles tout ce qu'il peut contenir de favorable et de sûr, que nous n'avons entre les mains qu'un gage certain, c'est la Rhénanie. Aucun de nous ne pense à quoi que ce soit qui puisse ressembler à une annexion, mais chacun de nous sait qu'il y a là des populations qui, tout en restant allemandes, peuvent contribuer à créer un glacis contre l'esprit et contre la force prussienne, force d'autant plus dangereuse que les populations de la Poméranie et du Brandebourg sont préparées par les veines de slavisme qu'il y a en elles, à se laisser empoisonner par le péril qui vient de l'Est.

(Vifs applaudissements à droite, au centre, et sur divers bancs à gauche. L'orateur, de retour a son banc, est félicité par ses amis.)

VI

Le Ravitaillement des Mineurs
de la Ruhr

*Séance de la Chambre des Députés
du 17 décembre 1920.*

M. le président. La parole est à M. Maurice
Barrès.

M. Maurice Barrès. Pour connaître l'état d'esprit de l'Allemagne, ses sentiments, ses intentions, un précieux élément de connaissance,
c'est de savoir comment elle s'acquitte des engagements qu'elle a pris envers la France et les
alliés. Je crois donc utile de placer dans cet instant de la discussion, des observations et des
questions que j'avais l'intention de soumettre à
la Chambre sous forme d'interpellation.

Je voudrais savoir de M. le président du conseil ce qui est advenu des sacrifices consentis
par la France dans le protocole de Spa du 16
juillet 1920, pour améliorer le ravitaillement des
mineurs allemands.

Nous avons consenti des sacrifices énormes
et bien inattendus. Nous avons consenti à mo-

6

diffler à notre détriment le traité de Versailles.
Nous avons consenti à nous contenter de quantités de charbon moindres que celles que nous
attribuait le traité de Versailles. Nous avons
consenti à payer une prime de 5 marks-or par
tonne de charbon livrée et à verser des avances
qui pour notre part s'élèvent à 190 millions par
mois.

Je ne referai pas la discussion de ce protocole ;
elle est présente douloureusement à tous les
esprits. Ceux-même qui ont fini par lui donner
un vote favorable ne l'ont fait qu'avec une extrême répugnance. Pour atténuer cette répugnance le Gouvernement nous disait : nous
améliorons l'état de santé des mineurs de la
Ruhr et ainsi nous augmenterons leur production ; en outre nous aurons le moyen de faire
classer les charbons et d'obtenir les qualités que
réclame notre industrie. Consentez à ces sacrifices d'argent, vous aurez la quantité et la qualité.

Il n'est pas inexact d'affirmer que le Parlement français fut sensible à l'idée d'améliorer la
situation des mineurs allemands et l'on vit, ce
qui je pense n'a guère de précédent, une nation
victorieuse et toute saccagée, se préoccuper du
sort de la fraction la moins fortunée de ses bru-
taux adversaires. On vit la France, encore incertaine de sa propre guérison, faire des sacrifices pour soigner les plaies de son agresseur.

Voilà les sacrifices que nous avons consentis
en juillet 1920 et que nous accomplissons depuis cinq mois.

L'heure est venuo de les juger d'après leurs
résultats. L'heure est venue d'apprécier si ces
accords conclus pour un semestre valent que
nous les renouvelions à la fin de janvier 1921.
L'heure est venue, quand nous entamons à
Bruxelles le chapitre des réparations, d'examiner
si nous avons employé la bonne méthode dans
le chapitre des charbons et si nous devons
apporter à Bruxelles l'esprit de Spa.

Depuis cinq mpis nous poursuivons uue expérience avec l'Allemagne. Qu'est-ce que cette expérience nous a donné ?

Pour éclairer cette situation, je désire mettre
tout simplement sous les yeux de la Chambre
quatre groupes de faits :

Premier fait : en dato du 30 août dernier, le
gouvernement allemand a pris l'engagement
envers la commission des réparations, chargée
de l'application du protocole de Spa, de lui
donner toute lumière sur l'emploi qu'il a fait des
avances versées par les alliés.

Voici le texte même de cet engagement :

« Le gouvernement allemand reconnaît formellement que la première avance et les avances
ultérieures lui sont faites en vue de l'achat de
vivres, habillement, matières premières, et il
prend l'engagement de fournir périodiquement
des relevés indiquant comment les avances ont
été utilisées. »

C'est clair, c'est net, c'est une plaisanterie : à
cette date de la mi-décembre, aucun relevé n'a
été fourni par le gouvernement allemand.

Jusqu'à cette heure le gouvernement alle-

mand n'a donné à la commission des réparations
aucune justification sur l'emploi des avances. Il
n'en a pas donné davantage aux gouvernements
alliés sur l'emploi des primes de 5 marcks-or.

Voilà mon premier point. Je passe au second.

Une commission d'enquête composée d'ex-
perts allemands et alliés a été instituée en vertu
du protocole de Spa pour étudier les moyens
d'améliorer les conditions de l'habillement et de
l'alimentation des mineurs allemands. Elle a
donné son rapport en date du 24 septembre.

Ce rapport insiste sur la mauvaise volonté des
fonctionnaires et des directeurs des mines allemandes qui ne se sont pas prêtés à l'enquête.
L'enquête a été rendue impossible. De là, l'in-
signifiance du rapport auquel elle aboutit. Nulle
proposition pratique. Il devait dégager les
moyens d'améliorer l'alimentation, il se borne à
établir le déficit des vivres. Il faudrait, dit-il, à
chaque personne de la population minière un
supplément de vivres équivalent à 950 calories,
mais il n'éclaire pas la question qui seule ferait
avancer le problème, il ne nous met pas à même
de constater si les sommes dépensées jusqu'à
Spa par l'Allemagne pour ses mineurs ont été
augmentées depuis Spa des sommes que nous
avons versées.

Ainsi voilà deux faits qui établissent là mauvaise volonté du gouvernement de Berlin à nous
renseigner sur l'emploi qu'il fait des sacrifices
que nous consentons pour les mineurs.

Mais il y a plus, et si notre commission n'est
pas à même de se renseigner, si le gouverne-

ment allemand n'a pas fourni les relevés qu'il s'était engagé à fournir, j'apporte un troisième fait qui, lui, illumine la situation d'une lumière brutale.

Au cours de la fameuse promenade où il s'est complu avec le chancelier Fehrenbach dans les territoires rhénans, le docteur Simons, ministre des affaires étrangères du Reich, a parlé le 14 novembre, au théâtre Apollo de Dusseldorf, de la prime des 5 marks or par tonne et des 200 millions mensuels d'avance. Il a expliqué que l'Allemagne comptait sur ces payements pour améliorer le ravitaillement de sa population et en particulier celui de ses mineurs.

« En échange des charbons, a-t-il dit, nous devions recevoir des montants importants de devises étrangères, mais en vertu des dispositions du traité de paix nous avons dû payer à nos adversaires des sommes si élevées que nous avons reversé immédiatement à l'Entente les montants en devises étrangères que nous recevions. Les espoirs de Spa ne se sont donc pas réalisés... »

Ces déclarations stupéfiantes ont provoqué un incident au Reichstag. Le 24 novembre, le député socialiste Wells a pris acte des paroles du ministre Simons.

« Comme Simons l'a avoué, a-t-il dit, les sommes qui devaient servir au ravitaillement des mineurs ont été employées pour faire face à différentes obligations du traité de paix. »

Le docteur Simons, ainsi mis en cause, a confirmé sur l'heure ses déclarations de Dusseldorf.

Je crois qu'il est très utile de mettre tout au

long ces documents sous les yeux de la Chambre et du pays. (*Applaudissements.*) Ils éclairent notre situation et le caractère plein de ruse et de ressort des Allemands.

« Il faut bien spécifier, a dit le ministre Simons, qu'il ne s'agit aucunement d'une accusation lancée contre les alliés de n'avoir pas payé ces avances.

« Le seul point, c'est que les avances n'ont pas pu remplir le but économique que nous avions espéré au moment où nous avions proposé de les fixer à Spa. Ces avances et les primes en marks or, nous donnaient la possibilité pour la première fois de payer la quantité de produits alimentaires nécessaire à l'alimentation de nos ouvriers, non plus en papier monnaie, mais en devises étrangères. Or, ce résultat n'a pu être obtenu, car nos adversaires exigeaient en même temps le payement en espèces et en devises étrangères du reliquat que la comptabilité mensuelle des dettes d'avant guerre mettait à notre charge. »

On ne peut pas avouer plus nettement le détournement de destination. Les sommes destinées par la Belgique, par l'Italie, par la France, au ravitaillement des mineurs ont été employées à alimenter une caisse de compensation germano-anglaise (*Très bien ! très bien ! au centre et à droite.*)

C'est vainement que, par la suite, le docteur Wirth, ministre des finances du Reich, est intervenu pour déclarer que la totalité des primes en or a été affectée à l'amélioration du niveau de de la vie des ouvriers mineurs. Le même Wirth, qui intervenait ainsi, en quelque sorte contraint et forcé, après les trois déclarations du ministre Simons et du socialiste Wells, a déclaré lui-même au journaliste Dombrowski, qui le rapporte dans le *Berliner Tageblatt* du 4 décembre dernier :

« Les avances fixées à Spa devaient assurer l'exécution d'un programme alimentaire permettant de ne pas diminuer encore ce ravitaillement en ce qui concerne le pain et les vivres de première nécessité.

« Or, cet effet même des avances de Spa n'est pas assuré, car l'Allemagne est tenue, par d'autres dispositions du traité de paix, de payer à ses adversaires des sommes égales ou même supérieures au montant des avances. »

Je laisse la Chambre apprécier d'elle-même l'importance qu'il faut attribuer à une dénégation tardive du ministre Wirth, qui se place, dans les conditions que nous voyons, entre ses propres déclarations contradictoires et les deux déclarations de Simons, soulignées par l'interpellation de Wells.

Il saute aux yeux que les sommes que la France avait consenties — je le répète, et il n'est pas inexact de dire qu'il se mêlait à nos préoccupations politiques un sentiment de générosité à l'égard de la partie la plus souffrante de nos adversaires (*Applaudissements au centre et sur divers bancs à gauche*) — il saute aux yeux que ces sommes ont été détournées par le gouvernement du Reich et que ce que nous vou-

lions attribuer aux mineurs de la Ruhr pour faciliter leur travail, pour les mettre à même de
fournir un rendement plus considérable, dont
nous aurions profité, mais aussi pour améliorer
leur propre vie, cette double préoccupation française, légitime dans sa politique et généreuse
dans ses intentions, a été déjouée d'une manière abominable par la mauvaise foi de Berlin.
(*Applaudissements au centre, à droite et sur divers bancs.*)

M. Marcel Habert. Nous aurions dû distribuer
l'argent nous-mêmes.

M. Maurice Barrès. Mais ces trois faits doivent
être complétés par un quatrième fait, qu'il est
également important de soumettre à l'attention
du Parlement et du public.

Dans la Haute-Silésie, ces distributions de
vivres et de vêtements se font par les soins du
gouvernement de Berlin, qui s'en sert comme
d'un moyen de pression électorale dans le plébiscite. C'est très justement que la haute commission interalliée fait remarquer que cette distribution est un acte de gouvernement et que,
d'après le traité de Versailles, tous actes de
gouvernement doivent lui être réservés à elle,
haute commission, qui est un organe de gouvernement dans la Haute-Silésie. Oui, c'est ainsi,
ces distributions, dont Berlin se sert à cette heure
comme d'un moyen de propagande pour se créer
des titres à la reconnaissance des mineurs et
exercer une influence sur le résultat du plébiscite,
devraient être faites par les soins de la haute
commission inter-alliée. (*Applaudissements*).

Voilà les faits : nous payons des sommes formidables, des sommes bien lourdes pour notre trésorerie, bien lourdes pour notre change. Nous avons reçu à peu près nos quantités de charbon — telles du moins que nous avons consenti à les réduire à Spa, et, par suite, moins considérables que ne nous les assurait le traité de Versailles — mais on nous avait fait valoir que les charbons seraient classés. Il n'en est rien. Les quantités, soit, nous les avons. Mais les qualités sur lesquelles nous comptions, nous ne les avons pas eues. On cache aux mineurs de la Ruhr et de la Haute-Silésie nos sacrifices, et loin de nous en reporter le mérite, on les tourne contre nous : à Düsseldorf, le ministre du Reich fait croire aux mineurs que nous n'avons rien versé d'utile, et dans la Haute-Silésie, le gouvernement du Reich emploie nos versements pour faire de la propagande contre nous.

Ainsi nous sommes dupés et bafoués. Je n'apporte pas ces preuves pour récriminer sur les choses passées, ni pour me plaindre qu'on n'ait pas adopté l'opinion de celui qui, à cette tribune, au moment de la discussion sur les accords de Spa, demandait que la France suivît ses envois, et qu'elle en assurât elle-même la répartition ?

M. Marcel Habert. Vous aviez mille fois raison.

M. Maurice Barrès. Non, je ne veux pas revenir sur le passé. Ce serait sans fécondité. Mais le 31 janvier prochain, si je ne me trompe, les engagements que nous avons pris à Spa pour

un semestre viennent à expiration, et il est bon
que, dès maintenant, il se forme dans le public
un sentiment, une raison plutôt, une raison née
d'une connaissance exacte de la situation, qui
nous empêche de les renouveler tels que nous
les avons signés le 16 juillet. (*Applaudissements
à droite et au centre.*)

M. de Grandmaison. Même malgré les de-
mandes de nos alliés.

M. Maurice Barrès. C'est une première moralité
à tirer des faits que j'expose. Il en est une se-
conde. A cette heure, nous sommes à Bruxelles.
Est-ce que l'expérience de Spa ne va pas nous y
servir à quelque chose?

La thèse des Allemands pour les réparations,
c'est que nous devrions faire travailler leur industrie en leur fournissant des avances de matières premières et de capitaux. Le précédent de
Spa nous montre assez quel contrôle difficile
nous aurions sur l'emploi de ces avances.

Ne pas faire d'avances à l'Allemagne : l'expérience tentée pour le charbon prouve que le
gouvernement de Berlin se dérobe au contrôle
et veut nous duper.

Craignons que le gouvernement de Berlin
n'utilise les accords que nous signerions à
Bruxelles, comme il a fait des accords de Spa :
dans des desseins contraires aux intérêts des
alliés, pour fortifier sa centralisation et son
unité. (*Très bien ! très bien ! au centre et a
droite.*) En travaillant aux réparations, le Reich
va centraliser son industrie et son commerce.
Nous allons assister à une sorte de réquisition

qui mettra tout dans les mains de l'État. Attention ! A la suite de Spa, nous avons remis nos marks or et nos avances directement à Berlin, alors que nous aurions dû les accompagner et voir où ils allaient. Résultat : Berlin se sert de cet argent pour sa propagande.

J'en conclus que le problème des réparations ne doit pas être réglé avec les seuls Prussiens de Berlin. Nous ne devons pas nous en remettre exclusivement au gouvernement de Berlin. Peut-on s'adresser aux diverses régions de l'Allemagne ? Je ne préciserai pas. C'est un problème économique et financier où il y a des modalités. Ce que je demande comme directive, c'est que nous évitions de fortifier encore là la centralisation allemande. Il est d'immense importance que, dans ce chapitre des réparations, nous ayons présent à l'esprit que l'effort de Berlin est de fortifier perpétuellement l'hégémonie prussienne dans le Reich. (*Applaudissements à droite et sur divers bancs.*)

De même que nous aurions dû suivre à travers l'Allemagne nos avances, il ne faut pas que nous laissions Berlin régler à son humeur, et selon ses convenances prussiennes, les obligations de l'Allemagne. Il faut que nous nous préoccupions d'accompagner à travers l'Allemagne l'exécution des réparations.

Nous avons des moyens. L'article 240 du traité de Versailles et puis l'annexe 2 de l'article 244, dans son paragraphe 12, nous arment. D'après le traité de Versailles, les commissaires aux réparations sont des ambassadeurs chargés du contrôle des finances allemandes. Nous avons le droit de suivre, d'envoyer des injonctions, d'organiser toutes surveillances, nous avons même le droit d'exiger de l'Allemague qu'elle prenne certaines mesures législatives.

Et puis, enfin, nous avons le droit de réclamer des garanties et des gages. C'est là qu'il faut en venir.

Voici qu'aujourd'hui, après avoir détourné les primes de 5 marks or et les avances consenties à Spa, le gouvernement de Berlin refuse de payer ses dettes d'avant guerre, dont l'obligation à été confirmée par le traité de Versailles !

A nous de voir si l'heure n'est pas venue pour les alliés d'obtenir, soit le contrôle des douanes, soit le contrôle des chemins de fer, soit une augmentation de garantie dans les gages que nous possédons déjà. (*Applaudissements à droite, au centre et sur divers bancs à gauche.*)

Nous agissons ainsi vis-à-vis de l'Autriche, qui se soumet. Est-ce donc parce que le gouvernement de Berlin se dit plus fort que uous ne faisons rien ? Il serait plus dangereux d'encourager sa force par notre abstention que de la plier à l'exécution du traité. (*Vifs applaudissements.*)

VII

M. le Président. La parole est à M. Maurice Barrès, pour developper son interpellation.

M. Maurice Barrès. Je ne viens pas ici faire œuvre de parti. Il y a un grand nombre de Français de plus en plus désintéressés des questions de parti et de personne, et qui se préoccupent des buts à atteindre. (*Très bien ! Très bien ! à droite !*)

Ces buts sont la sécurité de la France, la réparation du pays. Encore faudrait-il qu'ils fussent éclairés par le Gouvernement et que le président du conseil nous dît avec clarté quels moyens il entend employer pour les atteindre, ces buts qui sont communs à lui et à nous tous.

Nous évoluons dans les ténèbres. Le Gouvernement nous disait hier : « Il ne faut pas nuire à la confiance du pays en lui-même. » Il nous donnait aussi comme mot d'ordre la patience.

M. le président du conseil a parfaitement raison, mais cette confiance et cette patience nous seront difficiles dans la mesure où nous demeurerons dans les ténèbres. Les conférences se succèdent, si contradictoires et tellement accumulées qu'il est difficile aux citoyens d'en

voir la pensée directrice. Je suis à cette tribune
pour demander au Gouvernement de vouloir
bien nous apporter des clartés et nous dire quels
sont ses moyens, ses directions, et comment
nous pouvons nous associer dans une pensée
commune au milieu des tergiversations d'une
politique que nous jugeons incohérente. (*Très
bien ! très bien ! à droite .*)

Oui, dans cette succession de conférences,
nous ne voyons de net qu'une certaine diminu-
tion de la victoire de la France. (*Applaudissements à droite et sur divers bancs au centre.*)
Hier encore, vous avez abondonné les sanctions
économiques, et levé la douane du Rhin. C'est
de cet abandon que je voudrais vous demander
des explications.

Monsieur le Président du conseil (1), vous aviez
fait une chose claire et efficace en établissant
une ligne de douane. Après de si longues ténèbres,
c'était de la lumière, une précision, une volonté
nette, quelque chose qui s'accordait avec les
circonstances et avec la tradition française la
plus ferme et la mieux raisonnée. On n'exagé-
rera pas l'importance de cette douane du Rhin ;
vous aviez imaginé là un moyen pour contraindre
les Allemands et pour collaborer avec les Rhénans. L'installation de ces 570 kilomètres de
douane était délicate : vous l'aviez réussie. Et
déjà les résultats étaient bons sur les Allemands
et sur les Rhénans.

Il est difficile de concevoir que vous aviez fait
cet effort considérable et si heureux pour en

(1) M. Aristide Briand.

abandonner les effets au bout de quelques mois. Il est difficile de concevoir que vous ayiez assujetti toute l'activité industrielle et commerciale de la Rhénanie à s'accommoder de cette ligne douanière et puis que, d'une manière qui, vue du dehors, semble bien capricieuse, vous ayiez changé de méthode et que vous ayiez invité les industriels rhénans à revenir à un autre système.

Je vous demande quels sont les motifs qui ont pu vous décider. Pourquoi avez-vous levé les sanctions économiques ? Parce qu'elles avaient produit leur effet ? Non. Laissons les Allemands, ou, tout au moins, certains Allemands, dire que les sanctions économiques avaient pour objet de les contraindre à accepter l'ultimatum de mai et l'état de payements de cette même date. Ce n'est pas soutenable et vous ne le soutenez certainement pas : les sanctions économiques datent du mois de mars et vous les aviez prises, vous l'avez indiqué nettement, pour obtenir que l'Allemagne se soumît à l'ensemble de ses obligations, à son désarmement, à ses réparations, à la punition des coupables.

Alors je reprends ma question. Pourquoi avez-vous levé ces sanctions ? Pour consolider le gouvernement de M. Wirth ? Mais vous-même, vous nous avez dit, en juin, que vous fortifiiez le gouvernement de M. Wirth en montrant à l'Allemagne, par ces sanctions, votre volonté de faire exécuter le traité, parce que les Allemands, ne toléreraient un ministère décidé à remplir les engagements du traité de Versailles qu'au-

tant qu'ils croiraient que les alliés étaient décidés
à agir avec vigueur, mais que dès l'instant que
vous sembleriez mollir, le ministère Wirth se trou-
verait en péril. Et vous le disiez en toutes lettres,
dans une phrase qu'il est intéressant de citer.
Vous disiez, ou tout au moins tel est le communiqué publié à la date du 24 juin, après votre
audition par la commission des affaires étrangères :

« Le président du conseil indique que le maintien des sanctions lui paraît indispensable,
d'autant que leur maintien aurait l'avantage de
consolider le cabinet Wirth, qui s'appuie sur les
éléments vraiment démocratiques du Reich et
que leur abandon profiterait aux éléments pan-
germanistes. »

Enfin, pourquoi donc avez-vous levé les sanctions ? Pour obtenir en échange de cette capitulation quelque chose d'immédiat et de réel ?
Eh ! non, puisque dans le même temps vous
aboutissiez à cet extraordinaire accord financier
de juillet et vous consentiez l'abandon du premier milliard.

Je renonce à comprendre vos raisons !

Monsieur le président du conseil, vous faites
un geste de dénégation ?...

M. Aristide Briand, *président du Conseil, ministre des affaires étrangères.* C'est inexact.
Vous êtes mal renseigné sur ce point. Je vous
répondrai.

M. Maurice Barrès. Et ce qui ajoute à notre
inquiétude, c'est que nous ne savons pas où
vous vous arrêterez. M. Lloyd George, encore

qu'il ne le dise pas en termes exprès, se
montre disposé à demander l'évacuation de la
Rhénanie.

Je suppose bien que ce n'est pas votre état
d'esprit.

Quand même vous me répondriez qu'à cette
minute, ce n'est pas votre état d'esprit, comme
vous avez dit que vous ne vouliez pas lever les
sanctions, nous nous trouvons dans une très
grande inquiétude en face de vos affirmations.
(*Applaudissements sur divers bancs au centre
et à droite.*)

A ce jeu, on perd la confiance, non pas seulement la confiance dans un ministre, mais la confiance dans la voie où nous nous sommes en-
gagés, la confiance dans une méthode.

Il est nécessaire que nous nous décidions,
Chambre et Gouvernement, à avoir une politique
clairement définie. Ce n'est pas le procès d'un
homme que je viens faire ici. Les reproches
que j'adresse au ministère actuel, je suis
bien dans l'obligation de les distribuer sur la
méthode obscure où l'on n'a guère cesser de se
tenir depuis la paix de Versailles.

Nous n'avons jamais vu clairement de quels
moyens la France entendait disposer pour
obtenir sa sécurité et ses réparations. (*Applaudissements à droite et sur divers bancs au centre.*)

Nous ne l'avons pas vu. Et la Chambre et
celui qui à cette tribune, bien entendu, ont leur
part de responsabilité dans cette situation. Nous
avons passé notre temps à demander au Gouvernement de ne pas prendre telle et telle

7

mesure et le Gouvernement nous a donné, en paroles, toutes les satisfactions imaginables. Et puis le Gouvernement a fait le contraire de ce qu'il nous avait promis et nous, nous avons donné notre approbation au Gouvernement. *(Applaudissements à droite et sur divers bancs au centre)*

Monsieur le président du conseil. vous allez nous dire : « J'ai des difficultés, celles qui me viennent de l'état où j'ai trouvé les affaires déjà engagées et celles qui surgissent chaque jour de l'état troublé d'après guerre. »

Eh ! oui, mais il faut voir clair. Les difficultés n'empêchent pas d'avoir quelques idées simples et nettes conformes à l'intérêt vital de la France. Les difficultés ne peuvent pas vous dispenser de nous apporter de la clarté. Plus la situation est difficile, plus il est nécessaire que vous disiez au pays comment vous voyez le moyen de la régler, ce que nous pouvons en espérer et quelle est votre ligne de conduite. C'est nécessaire, non seulement vis-à-vis des Français, mais encore vis-à-vis de nos alliés et des neutres.

La France finit par avoir une situation qui n'est pas à l'honneur de la pensée, de la volonté française. *(Applaudissements sur divers bancs au centre et à droite.)*

Je vous demande quelles sont les idées simples de votre politique.

J'entends bien que dans votre discours de Saint-Nazaire vous aviez cette préoccupation-là. Mais vous avez usé d'un procédé, permettez-moi

de le dire, peu satisfaisant, indigne du président
du conseil que vous êtes.

« Moi, dites-vous, je suis l'homme de la paix,
et ceux qui me contredisent sont les hommes de
la guerre. » (*Applaudissements au centre et à
droite.*)

Eh bien, non ! il n'est pas possible que dans
votre pensée intime, vous croyiez que véritablement la situation se résume ainsi. Nous
devons être tous les hommes de la paix, (*Applaudissements au centre et à droite.*) et le débat
entre nous n'est que de savoir par quels moyens
nous pouvons obtenir cette paix. (*Applaudissements sur les mêmes bancs.*)

Il serait indigne, monsieur le président du
conseil que vous vous placiez dans une autre
situation que celle-là et que vous disiez : « Moi,
je connais les sentiments du petit paysan de
mon village ; il veut la paix. »

Eh ! qui ne la veut avec lui ! Sur ce point,
tous en France, nous sommes accordés avec la
pensée de M. le président du conseil, avec la
pensée des Anglais, avec la pensée du monde
entier, et ce qui préoccupe la France, jusqu'à
l'obsession, vous le savez bien, c'est justement
de distinguer les moyens de maintenir cette paix
de la victoire et d'obtenir ces réparations. Belle
occasion pour le Gouvernement de nous donner,
dans cette recherche de la paix durable, des idées
simples et directrices ! C'est votre intérêt, comme
c'est notre intérêt à tous.

Vous disiez à Saint-Nazaire : « J'en ai assez de
ces articles de journaux, de ces objections qui

ne sont faites de loin et qui ne m'apportent aucune espèce de proposition. » A mon avis, ces idées simples indispensables, nous ne pouvons les trouver que sur le Rhin et je demande à la Chambre la permission de lui soumettre mes propositions. Ce faisant je ne m'écarterai pas des préoccupations qui sont les vôtres, monsieur le président du conseil.

Le Rhin, on en parlait avant la paix, et nul n'a perdu le mémoire de votre lettre du 12 janvier 1917 à M. Paul Cambon. On en a encore plus parlé pendant les négociations du traité de Versailles. Rappellerai-je le mémoire du Gouvernement français sur la fixation au Rhin de la frontière occidentale de l'Allemagne, les notes successives du maréchal Foch aboutissant au chapitre du Rhin que contient le traité de Versailles ? La question du Rhin ne cesse pas de passionner l'opinion, témoin la polémique Tardieu-Poincaré. Ce sont là les signes d'une effervescence de l'instinct national. Mais de ce puissant instinct, nos dirigeants ont-ils dégagé des idées simples ?

Il n'y a eu jusqu'ici que des flottements. La politique française se cherche. Il faudrait de cette pensée rhénane en formation dégager quelque chose de précis et de net, que l'on pût mettre sous les yeux du pays et sous les yeux de nos alliés, qui ont jusqu'ici le droit de dire : « Nous ne distinguons pas nettement ce que la France veut faire sur le Rhin. »

Il faut que nous ayons notre doctrine en ce qui concerne le Rhin. Nous vous la demandons, monsieur le président du conseil.

Que voulons-nous faire sur le Rhin ?

Nous voulons y trouver des garanties et de la sécurité.

Examinons d'abord la question de la sécurité.

Les Anglais parlent beaucoup, en ce moment, des raisons géographiques qui les obligent à prendre leurs garanties en ce qui concerne l'Irlande. Il y a des points dans la question irlandaise sur lesquels ils ne cèderont pas à cause du voisinage de l'Irlande. Eh bien, nous aussi, nous avons nos nécessités géographiques en ce qui concerne l'Allemagne, des raisons qui intéressent également notre existence même. (*Applaudissements au centre et à droite.*)

Llyod George a reconnu quelque chose. Il a dit : « La France est dans une situation spéciale, du fait qu'elle a une frontière commune avec l'Allemagne. La France n'a pas la Manche. »

C'est un grand texte. Avec la puissante supériorité de son génie vulgarisateur, qui sait agir sur les masses, Lloyd George, ce jour-là, a bien fait saisir en quatre mots la situation éternellement tragique de nos provinces de l'Est et de notre capitale éternellement menacées.

Nous n'avons pas la Manche pour nous protéger ; comment y suppléerons-nous ? Comment nous protégerons-nous ? On nous parle beaucoup en ce moment de la démocratie allemande. L'affermissement et le développement de la démocratie allemande, prétend-on, doivent représenter le gage le plus certain de notre sécurité. Mais qu'est-ce donc que cette démocratie ? Hier, MM. Daudet et Oberkirch ont fait là-dessus

des observations extrêmement justes, et qui
correspondent en gros aux sentiments de chacun de nous, sur ce qu'il y a d'incertain dans
cette carte de la démocratie allemande.

Je ne crois pas qu'il y ait beaucoup de gens, à
travers le monde, capables d'avoir des idées
positives sur l'évolution pacifique présente de
l'Allemagne. Il est certain qu'en dehors des
organisations socialistes, qui sont, comme le
disaient M. Daudet et M. Oberkirch, pleinement
pénétrées d'esprit prussien — et par esprit
prussien je n'entends pas simplement un esprit
qui est dans la Prusse, mais un esprit d'origine
disciplinaire prussienne qui se trouve épars en
quantités inégales dans toutes les régions de
l'Allemagne — il est certain, dis-je, qu'à côté
de ces organisations dont la profonde pensée
prussienne vous apparaît, il y a dans toute l'Allemagne des groupements ouvriers qui se sont
préoccupé de travailler dans l'ordre et la paix.

Nous écouterons la voix de ces travailleurs ;
notre politique rhénane se complètera par une
politique d'encouragements aux éléments
apaisés qui luttent de l'autre côté du Rhin contre
l'esprit prussien, mais il saute aux yeux que
cette carte de la démocratie allemande est trop
incertaine pour nous garantir contre de nouvelles guerres d'agression. Que ne doit-on pas
craindre quand on voit dans ce ministère Wirth
un ministre des affaires étrangères de l'ancien régime ? Et d'autre part chacun sait ce que
c'est que ce parti populaire allemand et son
chef Stresemann et ce que va signifier leur en-

trée prochaine dans le gouvernement du Reich.

M. Lloyd George ne peut pas avoir une confiance absolue dans le ministère allemand. Vous ne l'avez pas non plus. Que dis-je ? M. Wirth lui-même n'a pas une confiance absolue dans sa vitalité. (*Sourires.*) Mais alors n'est-il pas raisonnable, nécessaire, que devant une politique allemande si incertaine et si confuse nous voulions des garanties précises et tangibles de sécurité ?

En quoi le Rhin peut-il nous fournir ces sécurités ? Dans les limites du traité. En nous servant de ce que nous donne le traité.

Le traité, nous l'avions rêvé différent. (*Très bien ! très bien ! au centre et à droite.*) Il y avait un point de vue militaire. Il s'agissait d'assurer à la France le contrôle des ports du Rhin. C'est le sens de la proposition que le maréchal Foch a soutenue lors des négociations du traité de Versailles. Sa proposition a été repoussée. La France n'a pas pu faire prévaloir cette thèse d'un contrôle des ponts par une occupation militaire illimitée. Les Alliés, d'accord avec la France, ont adopté un autre système. Le traité de Versailles nous accorde l'occupation du Rhin pour une période limitée. C'est à cela que nous nous tenons. Nous ne voulons agir que dans le cadre qui nous est fourni par le texte même du traité. Nous rejetons, faut-il le répéter, toute idée d'annexion, toute idée de contrainte. Mais une idée claire doit nous animer, en Rhénanie, au cours de l'occupation dont le traité nous charge, nous et nos alliés. Il y a un point sur lequel nous ne pouvons transiger, un point qui doit constituer le fond même de notre doctrine rhénane, l'objet de nos préoccupations les plus vives et la direction de notre politique, c'est la création au delà de nos frontières, jusqu'au fleuve, d'une zone de désarmement moral.

Nous ne nous sentirons en sécurité dans nos frontières, qu'au jour où nous verrons, sur ce sol romain de la rive gauche, des esprits apaisés et qui s'opposent résolument aux ambitions prussiennes.

Besogne difficile, disent quelques-uns, et dont ils doutent que l'on puisse concevoir la réalisation pratique. Loin de nous la pensée de vouloir établir ici un programme rapide et facile et d'organiser une sorte de conquête morale de la rive gauche. Mais nous avons certainement le moyen d'agir en Rhénanie de façon à obtenir des résultats, et si vous voulez favoriser dans toute l'Allemagne les éléments libéraux, vous ne les trouverez nulle part plus nombreux et plus sûrs qu'en Rhénanie. (*Très bien ! très bien !*)

On peut mettre debout tout un programme d'action. Ce n'est pas mon rôle de le tracer ici. Les voies et moyens sont à trouver sur place et se'on les circonstances. Mais pourtant, puisque je vois en face de moi M. Loucheur, me permettra-t-il de lui poser une question qui, sans doute, correspond à ses propres préoccupations?

On a beaucoup parlé des accords de Wiesbaden. Nous n'avons pas à les examiner ici ; les éléments nous manquent et je ne m'attribue pas

cette sorte de compétence ; mais M. Loucheur sait
qu'un syndicat des industriels allemands du Rhin
s'est constitué, tout disposé à se charger des
réparations. J'espère que, dans ses tractations
avec M. Rathenau, M. Loucheur ne perdra pas
de vue, que, du fait même de notre occupation
sur le Rhin, nous avons des devoirs, des obligations envers ces Rhénans ; (*Applaudissements à
droite et sur divers bancs au centre*) que nous
nous sommes chargés pour un temps de les
aider dans leur vie. C'est le rôle de la France.
(*Très bien ! très bien ! sur les mêmes bancs.*)

Ces tractations avec M. Rathenau, avec Berlin, favorisent singulièrement, hélas ! l'unification de l'Allemagne. C'est l'unification industrielle du Reich qui vient de se faire dans ces
derniers mois. (*Très bien ! très bien ! à droite.*)

Est-il dans les idées, est-il dans l'esprit de
M. Loucheur de tenir compte des devoirs de
protection que nous avons envers l'industrie
rhénane ? La part sera-t-elle faite à cette industrie rhénane, et sera-ce par les soins de Berlin,
ou pourrons-nous avoir une action directe dans
la distribution des commandes sur le Rhin ? Là-
dessus, je me permets d'appeler l'attention de
M. Loucheur. (*Applaudissements à droite et sur
divers bancs au centre.*)

Je m'arrête. Ce qui est essentiel aujourd'hui,
c'est de poser le principe, d'établir un idéal. Le
détail dépendra du moment et de l'heure. Il
s'agit, à l'heure présente, au milieu de tant de
ténèbres et de confusion, de dégager les raisons
profondes de notre instinct national, les sources

légitimes de nos préoccupations, les intérêts
vitaux qui vous déterminaient, vous, monsieur Briand, quand vous écriviez la lettre à
M. Paul Cambon, comme ils ont déterminé les
négociateurs et les chefs militaires qui collabo-
rèrent avec tant de ténacité au chapitre du
Rhin dans le traité de paix, et comme ils animent
encore M. Clemenceau et M. Poincaré revenant,
hier, à cet éternel problème.

L'établissement d'une zone de sécurité sur le
Rhin, tel doit être un des points essentiels de
notre politique française, et quand je parle
ainsi, je suis assuré que nous sommes bien dans
le fil de la meilleure pensée française et que
nous donnons sa plus raisonnable expression
au besoin, à la volonté de pacification qui anime
notre pays victorieux.

Nous ne voulons qu'avoir des voisins immé-
diats qui soient comme nous préoccupés de travailler dans l'ordre et dans la paix. Et ce n'est
pas seulement aux Français, mais encore aux
alliés que nous demandons de faire l'unanimité
sur cette politique rhénane. Qu'on favorise en
Allemagne l'établissement d'un régime de démocratie, c'est-à-dire l'avènement d'un nouvel
esprit qui rompe avec le système prussien épris
de domination universelle, nous en sommes
d'accord, mais commencez donc par favoriser le
triomphe de cet esprit sur le Rhin, où il a, au
dire des Allemands eux-mêmes, ses plus authen-
tiques racines. (*Très bien ! très bien ! à droite.*)

Voilà un premier point, mais cette question
de sécurité, elle n'est qu'une partie du problème.

M. Xavier de Magallon. Une partie substantielle. Voilà une politique !

M. Maurice Barrès. Ce n'est pas seulement une sécurité que le Rhin doit nous fournir, mais encore une garantie. Nous avons un traité à faire exécuter. Quoi qu'on pense des accords que vous faites à Wiesbaden, quelle que soit leur utilité, et l'atmosphère d'attention sympathique où ils sont accueillis dans notre pays, il vous manquera ce qui semble vous manquer depuis l'armistice où dans une suite de conférences vous remaniez votre traité, à savoir des garanties d'exécution.

Quand vous aurez fait des conventions avec M. Rathenau, aurez-vous un moyen pour que les engagements qu'il prend soient tenus, pour que quelqu'un, se substituant à lui, ne vienne pas vous dire : « C'est à recommencer, revenez à Wiesbaden, monsieur Loucheur » ?

Il nous faut les moyens pratiques de contraindre l'Allemagne. Le Rhin peut nous donner ces garanties pour les réparations et pour l'exécution du traité.

Chacun sait qu'à notre époque l'action efficace ne peut être trouvée que dans l'arme économique. Or, les régions du Rhin sont les sources vivantes de la vie économique allemande. Duisbourg, vous nous l'avez justement rappelé à Saint-Nazaire, monsieur Briand, est le plus grand port fluvial de l'Europe, Düsseldorf est la capitale du fer et de l'acier. Les huit dixièmes de l'industrie chimique de l'Allemagne sont sur la rive gauche du Rhin. Nous voulons avoir notre contrôle sur cette vie économique du Rhin. Quel que soit le mode de ce contrôle, il nous en faut un. C'est pour nous une garantie essentielle. Pas plus qu'en ce qui concerne l'établissement d'une zone frontière de sécurité, nous ne voulons transiger sur la constitution et la réglementation de ce contrôle économique.

Mais, ici, une remarque essentielle s'impose. Qu'il soit bien entendu que nous ne machinons pas de désorganiser la vie économique de l'Allemagne.

Tout à l'heure, en vous parlant de l'importance vitale qu'il y a à nous assurer une zone de sécurité sur le Rhin, je précisais que nous écartons de notre horizon toute pensée d'annexion, et que, là comme ailleurs, nous avons, avant tout, la préoccupation d'assurer la paix dans le monde.

Maintenant, encore, en parlant de l'urgence qu'il y a pour nous à nous assurer des garanties économiques certaines sur le Rhin, nous avons bien soin de nous élever contre la pensée que la France veuille troubler la vie économique d'aucun peuple. Comme les Anglais et comme vous, monsieur le président du conseil, dans votre discours de Saint-Nazaire, nous sommes préoccupés d'assurer au plus tôt le rétablissement d'une vie économique normale.

Il ne faut pas que M. le président du conseil soit tenté de venir nous dire tout à l'heure : « J'avais créé une ligne douanière du Rhin, puis j'ai constaté qu'il s'est produit des répercussions économiques qui ont entraîné des plaintes de la

part de l'Allemagne, de la part, peut-être, même
de certains de nos amis et alliés. »

M. le président du conseil. De la part de la
Rhénanie en particulier.

M. Maurice Barrès. De la Rhénanie ! Ah !
monsieur le président du conseil, vous n'êtes
pas capable de prendre des mesures à la légère.
Vous saviez bien, quand vous avez décidé de
créer cette douane, que c'est dans les premières
minutes que les difficultés pouvaient surgir !
Mais vous savez également que les Rhénans, à
l'heure où vous êtes revenu sur votre création
et l'avez supprimée avaient déjà pris leurs dispositions pour s'y adapter.

Vous avez des rapports vous indiquant que
cette douane leur causait des gênes, mais vous
avez d'autres rapports vous indiquant qu'ils s'en
accommoderaient et que la politique française, la
politique de la paix mondiale en tirait déjà d'heureux effets.

Et puis, il saute aux yeux que vous pouviez
procéder par tâtonnements. Vous n'avez pas
cru, personne n'a pu croire que, dès les pre-
miers moments, votre système douanier répon-
drait à toutes les nécessités de la situation. Vous
pouviez modifier les taxes jusqu'à n'être plus
qu'un simple droit de timbre.

Je tiens, en tout cas, à répéter jusqu'à satiété
que, pas plus que pour la question de sécurité,
quand nous voulons établir une zone de désarmement moral, nous ne sommes animés de
pensées annexionnistes, pas plus, quand nous
sommes préoccupés d'un contrôle économique

sur le Rhin nous n'avons l'idée de nuire au rétablissement du travail normal en Allemagne.
(*Applaudissements à droite et sur divers bancs
au centre.*)

En tout cas, monsieur le président du conseil,
zône de sécurité sur le Rhin, garanties économiques sur le Rhin, voilà des idées précises, des
notions simples que je soumets à la Chambre.
Vous nous direz ce que vous en pensez. Quel
que soit l'état troublé de l'économie mondiale,
il nous faut des garanties pour l'exécution du
traité. Quels que soient le apaisements que pré-
tende nous apporter le ministère Wirth, il nous
faut une sécurité sur notre frontière. C'est au
nom de ces nécessités que je reproche au Gouvernement de M. Briand d'avoir consenti et
même proposé la suppression de la ligne douanière du Rhin.

Nous étions d'accord quand vous preniez cette
mesure des lignes douanières, et c'était une mesure à longue échéance — 570 kilomètres de
lignes douanières à établir ! c'est un tour de
force que vous avez réalisé là ! — mais quand, en
un instant, après avoir ainsi changé les habitudes
d'une population, vous abandonnez tout et vous
revenez à une autre méthode, c'est inintelli-
gible. (*Très bien ! très bien ! à droite.*)

M. le marquis de Baudry d'Asson. Et vous l'avez
fait sans consulter la Chambre.

M. Léon Daudet. C'est l'incohérence.

M. Maurice Barrès. Il y a trente ans, dans cette
Assemblée, M. Constans, alors président du
conseil, m'a dit une chose qui est toujours restée

dans mon esprit. Il y a de ces mots qui se chargent de déniaiser un jeune homme. (*On rit.*) Il m'a dit : « Mon cher collègue, sachez bien qu'en politique je ne me préoccupe jamais de rien au delà d'un délai de six mois. » (*Exclamations à droite.*)

Je suppose pour l'honneur de M. Constans qu'il parlait des combinaisons de la politique intérieure. Peu m'importe, d'ailleurs, du fond de sa pensée, mais...

M. le président du conseil. Il a voulu vous étonner et il y a réussi.

M. Maurice Barrès... mais il ne faut pas que vous, monsieur le président du conseil, dans une circonstance critique bien autrement importante que celles qu'avait à régler M. Constans, vous nous donniez l'impression que vous agissez ainsi au semestre.

Nous avons eu souvent l'impression que, dans les conférences, on était essentiellement préoccupé d'aboutir à un communiqué qui parût acceptable. Bien souvent, nous avons eu l'impression qu'on se tirait d'affaire par une série d'expédients. (*Très bien ! très bien ! à droite.*) C'est une impression qu'on a dans le pays et que vous me remercierez de vous avoir communiquée, si vous êtes en mesure de la dissiper totalement.

M. le président du conseil. J'essaierai, mais, vous le savez, on n'a souvent dans les milieux politiques que les impressions qu'on veut avoir.

M. Le Provost de Launay. Vous condamnez le parlementarisme ! C'est amusant dans votre bouche.

M. Maurice Barrès. Je serais tenté de vous dire que, d'une manière générale, il peut y avoir quelque chose de vrai dans votre observation psychologique, mais qu'elle ne s'applique à aucun degré à celui qui vous parle. (*Applaudissements.*)

M. Magne. Personne ne peut en douter.

M. Maurice Barrès. Dans des questions de cette importance je n'ai pas d'autre souci que de collaborer pour le service public avec les dirigeants de mon pays, et c'est en toute bonne foi et pas à la légère, après avoir essayé de comprendre votre attitude, que je vous dis : Elle paraît à un grand nombre de personnes incompréhensible et je suis de ces personnes. (*Applaudissements à droite et sur divers bancs au centre.*)

M. Magne. Elle paraît même coupable.

M. Maurice Barrès. Les difficultés auxquelles vous vous heurtez sont très considérables et c'est même parce qu'elles sont si considérables qu'on continue, dans bien des cas, à voter pour vous. On se dit : « Il ne s'en tire pas très bien, mais il ne paraît pas démontré que d'autres s'en tireraient mieux. » (*Rires et applaudissements à droite et sur divers bancs au centre.*)

Mais l'inadmissible, ce sont ces mouvements brusques, ces changements de front, qui déconcertent la logique de l'esprit public et qui risquent de briser l'opinion publique.

M. le président du conseil. Pas du tout. Elle n'est pas brisée. Soyez certain que non.

M. Maurice Barrès. Elle n'est pas totalement

brisée. Je ne viens pas ici pousser des cris de désastre. Il subsiste des éléments excellents. Vous avez entre les mains les moyens de faire encore une politique efficace et bienfaisante, mais, un de ces moyens, c'est d'avoir avec vous une opinion publique bien coordonnée et qui voie clairement les choses.

Je vous signale que vous avez une action très considérable sur la presse. Vous le savez et je vous en félicite. (*Rires et applaudissements à droite et sur divers bancs au centre.*)

M. Alexandre Varenne. Cela fait partie de la fonction.

M. Magne. C'est la force du Gouvernement. Il n'en a pas d'autre.

M. Maurice Barrès. Cela fait partie des constatations aimables que je crois juste de mêler à mes critiques...

M. le président du conseil. Je n'essaye nullement d'exercer cette action.

M. Maurice Barrès. Vous avez bien tort. (*Sourires*). Ressaisissez-vous et exercez-la !

M. le président du conseil. Vous me connaissez bien mal, si vous croyez que je fais un effort pour cela.

M. Maurice Barrès. J'ai cru remarquer que l'action que vous exerciez sur la presse se traduisait souvent dans une sorte de préparation à l'échec.

Il nous est arrivé très souvent de voir des campagnes d'articles qui semblaient menées pour préparer l'opinion publique à accepter des échecs diplomatiques. (*Applaudissements à droite et sur divers bancs du centre.)* Nous voyons des notes qui nous annoncent que nous pouvons nous attendre à la levée des sanctions militaires. (*M. le président du conseil fait un signe de dénégation*). Non ? Je suis heureux, monsieur le président du conseil, de vous voir faire un signe de dénégation ; je pense qu'il ne s'applique pas seulement aux campagnes de presse, et je veux croire que vous n'êtes pas disposé à lever les sanctions militaires ?

M. le président du conseil. Vraiment monsieur Barrès, je fais appel à votre bonne foi.

A la dernière conférence du conseil suprême, deux graves questions étaient à l'ordre du jour. Il y avait la question de la Haute-Silésie, et vous savez toutes les concessions que j'ai faites, n'est-ce pas ? Il y avait ensuite la question des sanctions : sanctions économiques — je vous expliquerai dans quelles conditions elles ont été levées et je vous dirai dans quel but elles avaient été créées — et sanctions militaires, dont la levée a été demandée. Et vous savez très bien quelle attitude j'ai eue et quel a été le résultat.

C'est tout ce que je voulais vous dire. (*Mouvements divers.*)

A droite. Et demain ?

M. Maurice Barrès. Mon observation a son utilité, puisqu'elle vous amène à rassurer l'unanimité, je crois, de cette Chambre, qui désire que les sanctions militaires soient maintenues.

Mais, ce qui nuit toujours à vos affirmations,

c'est que vous avez dit la même chose pour ce qui est des sanctions économiques. (*Applaudissements au centre et à droite.*)

M. le président du conseil. Mais oui ! (*Exclamations à droite.*)

Monsieur Barrès, vous discutez d'une façon très courtoise et, pour qu'il ne reste aucun doute dans votre esprit, je vous dois sur ce point une explication.

Qu'étaient les mesures d'ordre militaire et d'ordre économique arrêtées dans les conseils suprêmes, sur la proposition du Gouvernement français? Quel caractère avaient-elles ?

Elles avaient un caractère de coercition à l'égard d'un gouvernement qui avait refusé de reconnaître le traité de Versailles et déclaré qu'il ne l'exécuterait pas. Pour l'y obliger, nous avons décidé, avec nos alliés, qu'on recourrait à des mesures de coercition.

La première de ces mesures, proposée par le Gouvernement français, au cours de la première conférence de Londres, a été l'occupation de Ruhrort, Duisbourg et Dusseldorf. A-t-elle été réalisée? Oui. Ce n'est pas un geste de faiblesse? Bien. (*Très bien! très bien!*)

Elle est maintenue. Pourquoi? Parce que la France désire s'installer là pour toujours? Non, vous ne soutiendrez pas cette thèse-là, mais pour marquer la volonté de la France de faire exécuter le traité, et particulièrement en ce qui concerne sa sécurité, de la voir assurée. (*Très bien! très bien!*)

Les sanctions économiques s'appliquaient au

refus de l'Allemagne de réaliser des états de payements...

M. Maurice Barrès. Non !

M. le président du conseil. Si.

M. Maurice Barrès. Non, puisqu'elles sont antérieures.

M. le président du conseil. Elles sont venues immédiatement après le refus par le ministère, par le chancelier, le docteur Simons, d'accepter nos propositions. Alors l'Angleterre a suggéré de recourir à une sanction économique, les 50 0/0 sur les exportations. Nous, nous avons considéré que c'était insuffisant et que, du moment que l'Allemagne ne voulait pas faire de bonne volonté un effort pour payer, il fallait établir une ligne douanière pour l'y contraindre. Or, cette ligne douanière a été instituée, et je vous dirai les résultats qu'elle a donnés, les objections qu'elle a soulevées, les difficultés qu'elle a créées. Là-dessus, le Reichstag accepte l'ultimatum, déclare que l'Allemagne s'incline et qu'elle exécutera toutes les conditions de l'ultimatum. Les états de payements sont fixés et les payements commencent. A ce moment, nos alliés dirent : est-ce que les mesures de coercition qui, au point de vue économique, ont produit leur effet, qui, d'autre part, créent tant de difficultés, non seulement à l'Allemagne, mais aux Rhénans, mais à la Belgique, mais à l'Angleterre, mais à nous-mêmes, vous allez les maintenir quand l'Allemagne vient de faire un effort sincère pour payer ?

Voilà comment le problème s'est posé.

Le Gouvernement français n'a pas voulu que l'Allemagne puisse dire : « D'une part vous exigez de nous des payements formidables qui nous imposent un effort économique énorme et, d'autre part, vous mettez certaines de nos industries entre deux barrières douanières qui, même réduites à une simple question de taxe, créent des difficultés d'ordre économique et paralysent une grande partie de nos moyens. »

Et, pour cette raison, nous avons été amenés à lever cette partie des sanctions.

En ce qui concerne les sanctions militaires comme il y avait là, entre autres, une question de sécurité, le chef du Gouvernement français a dit ce qu'il devait dire dans l'intérêt de son pays, et il constate qu'il a eu gain de cause.

Dans la situation où je suis et dont vous voulez bien reconnaître les difficultés, je conviens avec vous, monsieur Barrès, que mon effort n'est pas parfait.

La perfection, en ces matières, on la réalise plus facilement à la tribune que dans l'action gouvernementale. Mais vous voudrez bien convenir aussi que si parfois je n'ai pas obtenu tout ce que vous pouviez désirer comme Français et que je désirais moi-même, il serait de bonne politique de me tenir compte de ce que j'ai obtenu certaines choses. (*Mouvements divers*).

Vous dites : « Vous avez levé les sanctions économiques, après les avoir instituées. C'est de l'incohérence. Vous allez lever les sanctions militaires, bien que vous ayez affirmé que vous ne lèveriez pas. » Evidemment c'est là un procédé

de discussion en face duquel je me trouverai
totalement désarmé. Et il arrivera ceci, c'est qu'à
la fin du débat vous traduirez vos sentiments,
après m'avoir écouté, de la manière qu'il vous
conviendra. C'est actuellement une nécessité.
(*Applaudissements à gauche*)

M. Maurice Barrès. Monsieur le président du
conseil, je ne veux pas prolonger cette contro-
verse. Nous avons exposé, l'un et l'autre, notre
façon de voir. Les objections que vous faites à
ces sanctions économiques, à savoir les difficultés qu'elles représentent pour l'Allemagne,
pour la Belgique, pour l'Angleterre, pour les
Rhénans, pour la France, vous les connaissiez ?

M. le président du conseil. Oui.

M. Maurice Barrès. Elles ne vous ont pas em-
pêché de prendre ces mesures ?

M. le président du conseil. Non.

M. Maurice Barrès. N'insistons donc pas sur
ces difficultés. Ce qui vaut dans votre raison-
sonnement, c'est quand vous dites : j'ai obtenu
les satisfactions en vue desquelles je les avais
prises.

Eh bien ! admettons que ma mémoire me
trompe, mais j'affirme vous avoir entendu dire
que de l'ensemble des sanctions économiques et
militaires vous attendiez l'exécution intégrale
par les Allemands du traité de Versailles.

M. le président du conseil. Vous savez bien que
je n'ai jamais dit cela.

M. Maurice Barrès. Quand je vous écoute, je
prends vos paroles telles que vous les dites.

M. le président du conseil. Je n'ai jamais dit

que, quelle que soit l'attitude de l'Allemagne, quels que soient ses efforts de payement pendant trente ans, je maintiendrai les sanctions économiques. (*Très bien ! très bien ! à gauche*).

M. Maurice Barrès. Vous n'avez pas dit « trente ans », mais vous avez dit « jusqu'à ce que l'Allemagne se soit exécutée ».

M. le marquis de Baudry d'Asson. Mais oui.

M. Maurice Barrès. D'ailleurs, c'est ce que vous êtes en train de nous dire pour les sanctions militaires. Et, pour l'heure, ce que je retiens de cet incident, c'est qu'il n'est pas question que vous leviez les sanctions militaires.

En effet, nous avons déjà accepté et enregistré par nos votes un certain nombre de transactions et nous sommes arrivés à la limite. Nous ne voulons plus de transactions sur les principes essentiels de la politique française. Vous nous demandez la confiance. Qu'en voulez-vous faire ? Vous nous avez dit, vous-même, que la France a droit à des réparations et à la sécurité et que vous vous tiendriez ferme sur ce terrain. Eh bien ! dites-nous avec précision et clarté comment vous voulez assurer pour la France ce droit à des réparations et ce droit à la sécurité, quelles sont les garanties prévues et tangibles que vous voulez avoir, quelles sont les directions que vous voulez suivre.

Nous prétendons, nous, que ces garanties de réparations et celles de sécurité, vous ne pouvez les trouver que sur le Rhin et que la levée des sanctions est un acte de faiblesse qui méconnaît gravement les directions essentielles de la

politique française, une capitulation à laquelle
nous ne pouvons pas consentir.

J'attends que vous vouliez bien vous expliquer
sur ces points avec clarté et que nous sachions
quelle ligne de conduite le Gouvernement compte
suivre pour nous assurer sécurité et réparation.
(*Vifs applaudissements au centre et à droite. —
L'orateur, de retour à son banc reçoit des félici-
tations*).

. . . .

M. Aristide Briand, *président du conseil, ministre des affaires Etrangères.* — Monsieur Barrès,
ces temps derniers, j'ai eu le plaisir de voir dans
mon cabinet, un grand publiciste étranger.
Il avait voulu se rendre compte des choses. Il
était allé dans la Sarre, en Rhénanie. Vous savez
que c'est le milieu industriel par excellence, que
le monde des travailleurs y est extrêmement
nombreux, et qu'il y est passionné. Il n'y était
pas allé seulement comme journaliste, il avait
voulu vivre dans ce milieu de la vie des ouvriers.

J'ai éprouvé, comme chef du Gouvernement
français, une certaine joie à l'entendre me dire :
« Je n'ai recueilli que des compliments. Tous les
travailleurs auxquels j'ai parlé, ont fait l'éloge
de la grande liberté qui leur est donnée, de la
sécurité de leur travail, et tous ont exprimé cette
idée qu'après tout c'était une garantie du développement de leur démocratie ».

Monsieur Barrès, c'est une politique rhénane,
celle-là.

Dites-vous bien que, malgré les affinités profondes qui existent entre la population rhénane et la France, culture, sentiment, esprit de libéralisme et d'indépendance, tout cela est comprimé et étouffé par le prussianisme dont vous parliez tout à l'heure, et que je ne nie pas.

Mais relisez la correspondance de Hoche avec la Convention, vous verrez qu'il s'est trouvé aux prises avec les mêmes difficultés. C'est une politique très délicate. La grande erreur serait de croire que ces hommes seront des Français, que leurs affinités de culture les porteront à déserter leur patrie. Non, ils auront un autre état d'esprit. (*Très bien ! très bien à gauche*). Et si on pouvait arriver à un accord qui fasse que ces régions ne soient plus administrées par des Prussiens, mais par des Rhénans, ce serait pour l'avenir un progrès énorme. (*Applaudissements*).

Ici, permettez-moi d'entrer dans le détail des choses et de vous montrer la difficulté de ce problème. Des occupations militaires comme celle que nous faisons, avec dans les villes de nombreux soldats, des sous-officiers, des officiers, ne vont pas sans créer une gêne pour l'habitant. Les difficultés qui en résultent ne nous valent pas des sympathies et rendent difficile la propagande.

Et pourtant, là-bas, c'est un aveu unanime, nos officiers et nos soldats se conduisent d'une manière admirable. (*Vifs applaudissements*). Dans ces milieux, d'une excessive densité de population ouvrière, ils ont trouvé le moyen de ne paralyser en rien l'activité économique, de permettre aux ouvriers de vivre la vie la plus

libre que peut-être ils aient vécue depuis qua-
rante ans. (*Très bien ! très bien*).

. . . .

M. Maurice Barrès. Voulez-vous me permettre
une observation ?

M. le président du conseil. Volontiers.

M. Maurice Barrès. Monsieur le président du
conseil, vous êtes dans votre rôle, quand vous
examinez point par point les actes de votre politique et de cet examen détaillé vos auditeurs
vous savent gré. Mais je ne dois pas, par le fait
qu'à plusieurs reprises vous venez de me mettre
en cause, d'ailleurs fort courtoisement, laisser se
créer une impression qui dénaturerait les observations que j'ai présentées. Qu'il soit bien entendu que ce n'est pas sur tous les points de
votre politique que je vous ai adressé des critiques.

M. le président du conseil. Certes.

M. Maurice Barrès. Sur plusieurs des questions que vous venez d'examiner, nous sommes
d'accord.

Je n'ai pas cru qu'il pût être intéressant pour
la Chambre de connaître mon sentiment et mon
opinion, chapitre par chapitre, sur toute votre
activité politique. Qu'ai-je discuté, critiqué et
blâmé ? Votre décision de lever la barrière
douanière du Rhin. (*Très bien ! très bien à
droite*).

M. le président du conseil. J'y répondrai tout à
l'heure.

M. Maurice Barrès.. Je vous ai énergiquement
applaudi de créer cette douane du Rhin. Je vous

désapprouve non moins énergiquement d'en
avoir voulu ou consenti la suppression. Tel fut
le sens très clair de mon intervention à la tribune.
N'en dénaturons pas le caractère et la portée. Il
me semble qu'à plusieurs reprises vous venez
de réfuter des critiques qu'en réalité je ne vous
ai pas adressées. Je m'en tiens à vous demander
des explications sur la levée des sanctions éco-
ncmiques. (*Très bien ! très bien ! à droite*).

M. le président du conseil. Je crois, mon cher
collègue, répondre à vos critiques.

Vous avez dit : Monsieur le président du conseil, votre politique est une politique d'incohérence.

C'est une accusation générale contre ma politique. Et je me suis efforcé de la faire tomber en
indiquant à la Chambre qu'il y avait une certaine
continuité de vues dans mes actes. Vous
avouerez bien qu'il était de mon droit de répondre sur ce point. J'ai voulu vous montrer
simplement que cette politique n'était pas carac-
térisée par cette incohérence qui vous inquiétait.
(*Très bien ! très bien ! sur divers bancs*).

Vous avez dit : Avez-vous une politique rhénane ? Faites-vous quelque chose pour rapprocher de vous ces populations, pour établir un
modus vivendi qai soit un élément de sécurité de
plus pour la France ?

C'est à cette partie de votre discours que je
réponds, et quand je vous montre ces masses de
travailleurs vivant sous l'occupation en très bon
accord avec nous, dans une liberté complète,
avec la garantie de tous leurs droits, je réponds

à une partie de votre discours. J'y réponds en détail. Vous l'avez conçu d'une manière générale, dans cette admirable forme qui vous est propre. Moi, je suis obligé d'entrer dans des détails.

Je ne voudrais pas que vous me considériez comme vivant au jour le jour au milieu d'événements aussi graves et sans esprit de suite ni dans ma politique intérieure, ni dans ma politique extérieure.

Eh bien! dans les sanctions économiques, qu'avions-nous recherché?

Si je vous dis que nous y avions cherché un moyen de coercition nouveau, sur un autre terrain, vous conviendrez avec moi que c'est vraisemblable.

Les Anglais avaient eu l'idée d'une taxe de 50 p. 100 sur les importations; nous en avons proposé une autre. Sous l'empire de quelles préoccupations? Parce que les rapports incessants de nos agents, de nos techniciens, nous disaient: Vous êtes victimes d'incessantes violations du traité de Versailles par suite des discriminations qu'infligent à la France les douanes allemandes. Vos produits sont frappés d'une espèce d'interdit à cause de la façon dont on distribue les licences et c'est un grave tort fait à notre pays. Il faut qu'il cesse.

Nous avons trouvé, dans la création du cordon douanier, la possibilité de relever ces infractions et de les faire cesser, en même temps que le moyen, si l'Allemagne n'acceptait pas nos états de payements, de récupérer quelques recettes.

Voilà le point de vue.

Le cordon douanier a été établi d'accord avec nos alliés, toujours. Les résultats, ont été funestes, en ce sens que ce pays, que vous avez la préoccupation de conquérir moralement, s'est trouvé pris entre deux cordons de douanes. Les plaintes sont arrivées de toutes parts. Nos techniciens ont constaté une sorte de paralysie dans ces régions.

La Belgique a protesté avec énergie, car elle a été une des premières à subir ces difficultés. Tous nos alliés ont protesté également, et nous-mêmes nous avons ressenti les difficultés d'une pareille situation. Et, sans parler des Rhénans allemands, les Rhénans français en ont été les premières victimes.

M. le marquis de La Ferronnays. Ce n'est pas le langage que vous teniez au mois de juin, monsieur le président du conseil.

M. le président du conseil. Je vous en prie, monsieur de La Ferronnays, vous viendrez à la tribune exposer vos idées. Ce sera même une bonne occasion de les faire connaître.

J'avais pensé qu'il était possible d'organiser les deux choses concurremment. Mais, outre que ces barrières irritaient les populations et les poussaient à considérer ces mesures comme une grave atteinte à leurs intérêts, une campagne commençait, tendant à laisser croire que nous essayions par des moyens détournés de redresser le traité de Versailles, de manquer à notre signature, que nous avions des arrière-pensées en prolongeant cette situation malgré l'acceptation par l'Allemagne des états de paye-

ments. L'Allemagne commençait à dire : Si vous
voulez que je paye ne m'empêchez pas de le faire.
Vous voulez que je recouvre ma pleine activité
économique pour vous payer, et vous paralysez
l'exercice de mon activité.

Nos alliés, eux aussi, nous disaient : Il est
absolument injustifiable qu'ayant imposé des
états de payements formidables à l'Allemagne, qui exigent d'elle une grande activité
industrielle, vous mainteniez une barrière douanière qui est évidemment une cause de paralysie.

Sur l'avis de nos techniciens qui, eux, sont
sur les lieux, qui ont bien connu cette situation,
nous avons envisagé la levée des sanctions.

Les avons-nous levées purement et simplement et sans précautions? Pas du tout ! Nous
avons institué une commission interalliée qui
vérifie d'une manière absolument scrupuleuse
les distributions de licences et qui interdit les
discriminations dont notre industrie était victime
Cette commission fonctionne à l'heure actuelle ;
elle nous donne toutes les garanties que nous
pouvions désirer de l'exécution du traité sur ce
point.

Vous pouvez me dire : Vous nous aviez déclaré
que vous ne lèveriez pas les sanctions, et
c'étaient des sanctions économiques et militaires.
Oui, je l'ai dit : j'étais dans cet état d'esprit à ce
moment-là, avant de m'être trouvé en face de
cette situation, de ces difficultés, avant d'avoir
reçu ces rapports de techniciens. Tout de même
si vous ne laissez pas à votre Gouvernement, en

présence d'une situation aussi complexe, une quasi-liberté, au moins sur des points comme ceux-ci qui ne sont pas des points essentiels pour notre sécurité, [il n'y a pas de gouvernement possible, il vaut mieux que les Chambres gouvernent directement, je vous le dis sincèrement. (*Très bien ! très bien*) !

Vous pourriez m'objecter : Vous auriez mieux fait de prévoir. Certes, mais quand je me suis trouvé en présence de ces faits, quand je me suis trouvé en présence de nos alliés qui nous disaient : « Nous levons nos sanctions, levez les vôtres, l'Allemagne ne payera pas, elle vous répondra : je ne peux pas, vous me demandez beaucoup d'argent et vous me paralysez par vos barrières douanières dans ma région économique la plus prospère » qu'aurions-nous pu répondre ? Nous nous mettions dans notre tort vis-à-vis de nos alliés. Nous avons considéré qu'il était possible de concilier le respect des intérêts des industriels français, le souci de soulager les populations rhénanes — et elles l'ont été, je vous l'assure, monsieur Barrès — et d'aider l'Allemagne à faire face à ses engagements. (*Très bien ! très bien*) !

Je vous dis, en toute sincérité, les raisons qui nous ont guidés.

Au contraire quand il s'est agi des sanctions militaires, au dernier conseil suprême, nos alliés se sont efforcés de les faire lever. Vous avez lu le discours que j'ai prononcé. Je m'y suis refusé de la façon la plus nette. J'ai affirmé : « Les sanctionss militaires sont la garantie de

notre sécurité, car notre sécurité n'est pas
assurée. Elles sont aussi la garantie de l'exécution
totale du traité. Ce n'est pas parce que l'Allemagne a fait un premier petit geste, alors qu'on
commence à mettre en doute qu'elle en fasse un
second, que nous pouvons nous livrer à un
pareil acte de générosité ». Je me suis tenu sur
ce terrain et j'ai eu gain de cause.

. . . .

.·.

Pourquoi j'ai voté contre : — A la suite
de cette discussion, Maurice Barrès a refusé la
confiance que demandait le président du conseil
et il s'en est expliqué dans l'article que voici :

Je reproche à Briand d'avoir levé les sanctions
économiques et la ligne douanière du Rhin.
C'est une faute capitale.

Briand m'a répondu d'une manière imprécise
et embarrassée qui ne peut changer mon jugement.

« Le cordon douanier du Rhin, m'a-t-il dit, a
donné des résultats funestes, en ce sens que ce
pays (la Rhénanie) que vous avez la préoccupation
de conquérir moralement, s'est trouvé pris entre
deux cordons douaniers (celui du Rhin et ceux
des frontières germano-française et germano-
belge). Les plaintes sont arrivées de toutes parts.
Nos techniciens ont constaté une sorte de paralysie dans ces régions ».

Ah ! monsieur le président du conseil, vous
vous faites du tort en jugeant si sévèrement

votre œuvre. On aurait trop aisé, après de telles paroles, de vous accuser d'avoir manqué de prévoyance et choisi cette sorte de sanction à la légère.

Mais vous vous calomniez. Vos techniciens vous avaient bien guidé. Seulement, il saute aux yeux que quand vous avez décidé de créer ces deux lignes douanières et de vérifier les distributions de licences pour l'importation et pour l'exportation, aux frontières germano-belge et germano-française d'une part, et de l'autre entre la Rhénanie occupée et l'Allemagne non occupée, vous entendiez manœuvrer vos tarifs. Vos deux douanes, complétées par le contrôle des licences, sont à comparer aux deux portes d'une écluse. La Rhénanie, c'est la chambre de l'écluse. Naturellement, si vous créez une écluse pour n'en pas manier les portes, leur entre-deux stagnera et vous pourrez y constater du dépérissement ou, comme vous dites, une sorte de paralysie.

Ne discréditez pas les sanctions économiques. Elles étaient excellentes. La Haute-Commission interalliée avait obtenu là ce qui lui manque, un moyen pour agir sur les fonctionnaires prussiens de la Rhénanie et pour favoriser les échanges commerciaux de cette région.

Ne les discréditez pas. Telle circonstance peut nous amener à y revenir...

L'expérience fut tout à fait insuffisante. Les douaniers allemands que nous employions étaient d'ingénieux saboteurs; les Français ont eu un apprentissage compliqué; les Belges et

les Luxembourgeois et, dit-on, certains Alsaciens
même ont réclemé. Je ne cache aucune des difficultés. Il y avait à faire la mise au point. Mais il
faut que le pays ait une idée nette de la puissante organisation que, sous le nom de sanctions
économiques, les Alliés avaient construite sur
le Rhin. Il faut qu'il sente toute l'importance de
cet ensemble qui se composait d'une ligne douanière intérieure sur le Rhin, d'une ligne douanière
extérieure, c'est-à-dire placée aux frontières germano-française et germano-belge et, troisième-
ment, d'un régime de licences à la fois sur le
Rhin et sur la frontière extérieure. Entre la
Rhénanie et l'Allemagne non occupée, et puis
entre les pays de Belgique et de France et l'Allemagne, nous contrôlions le service des licences
d'importation et d'exportation, de façor à em-
pêcher des discriminations que, contrairement au
Traité de Versailles, le gouvernement de Berlin
cherche à imposer aux produits français.

Cette puissante organisation remédiait à ce
qui fait la faiblesse des Alliés en Rhénanie. Le
Traité n'y donne, à la Haute-Commission interalliée, aucun moyen d'action, aucune raison
d'autorité réelle. Et pourtant, il ne peut pas y
avoir de politique rhénane, si la Haute-Commission interralliée ne possède pas de moyen d'action sur les fonctionnaires prussiens de Rhénanie.

Ces moyens d'action, il va de soi qu'ils ne peuvent être que de l'ordre économique. Les Rhénans sont préoccupés de développer leurs
échanges commerciaux. Il s'agit d'assurer à la

Haute-Commission interralliée des moyens de contrôle économique qui la mettent à même de favoriser la vie économique des Rhénans et de développer les échanges commerciaux.

Le système des sanctions économiques atteignait ce résultat et, par là, il donnait aux Alliés de sérieux moyens pour assurer notre sécurité et nos garanties de réparations. Nous y renonçons. C'est un désastre. Ah! monsieur Briand, il ne fallait pas supprimer le mécanisme que vos techniciens venaient de créer, mais leur demander un effort d'ajustement qu'ils sollicitaient de fournir.

Vous n'avez pas été libre de procéder à cette mise au point; vous avez anéanti d'un trait de plume ce beau travail. Au moins vous êtes-vous préoccupé de conserver ses grandes lignes essentielles, en supprimant ses inconvénients ?

Oui, m'a répondu le président du conseil : « Nous avons institué une commission interalliée qui vérifie d'une manière absolument scrupuleuse les distributions de licences et qui interdit les discriminations dont notre industrie était victime. Cette commission fonctionne à l'heure actuelle; elle nous donne toutes les garanties que nous pouvions désirer de l'exécution du Traité sur ce point... »

Voilà le texte de M. Briand, voilà son affirmation. Mais sauf erreur de ma part, je tiens cette affirmation pour inexacte. Le mieux que je puisse admettre c'est que cette affirmation doit être mise au futur. Je veux croire que la dite commission fonctionnera. Mais à cette heure, je crois pouvoir certifier qu'elle n'existe pas.

Et quant à dire qu' « *elle donne* ou donnera toutes garanties de l'exécution du Traité sur ce point », c'est la question en débat !

Que sera exactement cette commission ?

Le système des sanctions donnait au Comité des Garanties, par l'intermédiaire de la Haute Commission interalliée, un droit de regard exact et efficace, qui lui permettait de se rendre compte de ce qui se passait dans les douanes allemandes. Ce droit de regard est indispensable. Le garderons-nous ?

Il y a autre chose. Le système des sanctions donnait à la Haute Commission interalliée le pouvoir de contrôler le service des licences d'importation et d'exportation non pas seulement de Belgique et de France en Allemagne, mais encore de Rhénanie en Allemagne non occupée. Il assurait une protection au commerce français, victime jusqu'alors des discriminations de Berlin, et en outre il permettait de favoriser les échanges commerciaux de la Rhénanie à l'Est et à l'Ouest. La commission que vous annoncez assurera-t-elle un service de licences sur le Rhin ?

Tout cela est d'immense importance. Je reproche à M. Briand d'avoir consenti à la suppression d'une pièce capitale de notre politique rhénane, quand il avait expressément promis de la maintenir, et alors que les Allemands n'avaient pas satisfait aux obligations en vue desquelles ces sanctions économiques avaient été prises. J'entends bien que M. Briand est en

face de grandes difficultés (1). Mais voit-il clair
dans l'importance du problème ? Je veux dire, le
problème rhénan a-t-il, dans son esprit, la place
magistrale qu'il y doit occuper ? Cette commission qu'il nous promet va être un petit morceau
sans vie, une pièce détachée. La machine d'ensemble est ruinée. Je suis trop autorisé à dire
qu'il n'y a pas de continuité dans notre politique
rhénane.

M. Briand a relevé dans mes observations le
mot d'incohérence. Laissons les mots, il y a les
faits. Le *modus vivendi* en Rhénanie reste à
trouver. Je ne dis pas que c'est une faillite, mais
nos gouvernants n'ont rien réalisé, pas même
une doctrine. Ils se sont bornés à l'occupation.

Ce n'est pas à dire que je désespère. L'œuvre
se fera puisqu'elle est belle et nécessaire. Elle

(1) Dificultés anglaises. C'est ici le lieu pourtant de
rejeter ce que le grand Rudyard Kypling disait en
novembre 1921, à des Français à Paris : « Nous ne voulons pas que la guerre puisse recommencer. Pouvez-
vous m'affirmer, sans mentir, que vous, Français, vous
vous sentez en sécurité contre une nouvelle agression
du Boche ? Non, n'est-ce pas ? Eh bien ! il fallait vous
laisser la rive gauche du Rhin à titre définitif et éviter
ainsi le retour de l'ennemi commun. »

Voilà ce que disait ce magnifique esprit. Il ajoutait :
« J'ai perdu mon fils, qui a été tué à l'ennemi, près
Villers-Cotterets. Il y a comme cela, disséminés à travers le monde, des pères de famille qui ont eu leurs
enfants tués et qui tous sont d'accord pour crier : Sécurité ! »

Nous ne demandons pas d'annexion, mais seulement
que les pays rhénans soient soustraits à l'eprit prussien.

passionnera les jeunes Français. On verra surgir
des hommes de raison et d'imagination, enivrés
de ces horizons éternels, une fois encore ouverts
à la sympathie française.

(*Echo de Paris*, 28 octobre 1921).

VII

Lettre à M. le président du Conseil sur l'arrestation de M. Joseph Smeets. 16 décembre 1921.

Monsieur le président du Conseil,

M. Joseph Smeets, président du Parti séparatiste rhénan à Bonn, a été arrêté dans la matinée du 5 décembre par les policiers prussiens.

M. Joseph Smeets a été arrêté, bien qu'aucun crime ou délit de droit commun n'ait été relevé contre lui. Cette arrestation n'est déterminée que par des causes politiques.

La Constitution de Weimar dispose que dans un délai de deux ans les populations rhénanes seront consultées sur leur situation dans l'Empire.

Les troupes d'occupation ont, dans les territoires rhénans, la charge de faire respecter l'ordre public et la liberté des personnes. Il est donc inadmissible que, sous leurs yeux, l'autorité de Berlin supprime les garanties individuelles et prive la population des droits que lui assure la Constitution même du Reich.

Dans une circonstance analogue, la haute-commission a su protester efficacement contre la violation de ces droits. Nous vous demandons de donner au représentant de la France dans cette commission les instructions nécessaires pour qu'il en soit de même aujourd'hui.

Veuillez agréer etc...

Cette lettre est signée de MM. Maurice Barrès, Guernier, des députés de Meurthe-et-Moselle, Puech, Galli, Le Corbeiller, général de Castelnau, Louis Rollin, Escudier, Nectoux, Fabry, Erlich, Petitjean, J.-L. Bonnet, prince Murat, Edouard Soulier, etc., etc.

M. Briand prescrivit immédiatement à M. Tirard de signaler sur l'heure à la haute Commission le caractère purement politique de l'arrestation et de provoquer en conséquence une décision ordonnant la mise en liberté de M. Smeets.

M. Smeets fut aussitôt remis en liberté.

CONCLUSION

Le *modus vivendi* en Rhénanie reste à trouver. Nos gouvernants n'ont rien réalisé, pas même une doctrine. Ils se sont bornés à l'occupation.

Ce n'est pas à dire que l'on désespère... L'œuvre se fera puisqu'elle est belle et nécessaire. Elle passionnera les jeunes gens. On verra surgir des hommes de raison et d'imagination, enivrés de ces horizons éternels une fois encore ouverts à la sympathie française. Ils reconnaîtront le caractère des problèmes de l'heure. Ce sont des problèmes de civilisation. A aucun moment de l'histoire le débat n'eut un caractère aussi élevé. Il y a cent ans, nous avons jeté des semences durables sur le Rhin (voir *Le Génie du Rhin*), mais nous ensemencions surtout le domaine de la vie économique et sociale. Aujourd'hui le problème qui se pose, l'activité qui s'offre à nous sont d'un ordre plus élevé. Il s'agit, après le grand conflit des peuples au cours de la guerre, de revoir et d'épurer notre conception des nationalités, notre notion des cultures nationales. La discussion atteint des hauteurs inconnues, dépasse les préoccupations matérielles.

J'en veux donner une idée en recueillant ici le problème qu'il m'a été donné de poser à la Sorbonne, lors de la *Manifestation de solidarité intellectuelle entre la France et les nations amies* le 24 décembre 1921 sous la présidence de Raymond Poincaré.

DÉCLARATION DE M. MAURICE BARRÉS

Messieurs,

C'est ici quelque chose de bien plus profond qu'une manifestation d'amitié. Il ne suffirait pas qu'il sortît de cette journée une effusion brillante de nos sympathies. A nous tous, avec ce public d'élite de la Sorbonne, nous constituons un conseil d'écrivains, de philosophes et d'hommes d'Etat. Permettez-moi de saisir l'occasion de soumettre à vos méditations autorisées un grand problème de l'esprit, une des plus graves questions de l'après-guerre, et qui intéresse tous les peuples.

Entre les peuples et l'Allemagne, l'intérêt économique n'épuise pas la question. Il faut aussi éclairer et régler les rapports intellectuels.

Que l'Allemagne, même démasquée, même déchue, puisse encore offrir des leçons techniques à des spécialistes de divers ordres, ce n'est pas douteux : le chimiste, le bactériologiste, le métallurgiste, l'exégète d'autres encore, auront assurément à s'informer de ce qui peut s'élaborer dans les laborieuses officines d'outre-Rhin.

Mais pour l'éducation de la moyenne de nos esprits, ne convient-il pas de se défier des sympathies trop directes qu'une poignée de chefs-d'œuvre du passé avait établies entre les nations modernes et les littérateurs allemands ? Le folklore, la poésie, la musique, la philosophie, voilà des hauts lieux spirituels où la Germanie vaincue et refoulée veut se garder un refuge, au milieu même des nations qu'elle n'a pas réussi à se soumettre. Des refuges et, pour demain, des positions de départ. Cela est si vrai que, durant la guerre, le grand état-major allemand donnait pour mot d'ordre à tous ses reptiles de louanger sans trêve les prestiges spirituels de la Germanie.

Dès lors, ces hauts lieux, ces prestigieux refuges de l'Allemagne, ne convient-il pas de les vérifier, de les définir avec soin, de les tenir sous la surveillance d'une haute politique spirituelle ? N'y a-t-il pas de barrières à élever contre le germanisme dans le monde de la pensée ?

C'est, au point de vue de la civilisation, une question capitale.

L'espoir du monde moderne repose sur des notions *d'accord*, *d'entente*, de *contrat*, absolument opposés à la tendance générale de l'esprit allemand. La bonne volonté entre les hommes n'a pas d'adversaire plus déclaré qu'une certaine conception nettement germanique : la *lutte pour la vie, la survivance du mieux adapté* et *la force suffisant à créer le droit.* Les dispositions que le monde germanique a révélées à fond depuis le début de la grande guerre s'accordent avec les lignes principales et les couleurs de sa civilisation, et seront considérées dans l'univers entier comme faisant un tout avec l'intellect allemand. L'Allemagne le veut ainsi. Aujourd'hui même, elle ne se résigne pas à prendre l'initiative de discréditer aucune partie de son refuge intellectuel. Elle est trop infatuée de l'ensemble de son effort dans le passé comme dans le présent ; elle s'enorgueillit d'un conglomérat massif et total ; elle déclare que Weimar et Postdam, la cité des Muses et la citadelle des Hohenzollern, ne s'opposent en aucune façon, mais se synthétisent harmonieusement. Elle se présente comme un bloc.

Nous convient-il de laisser à ce bloc toute sa consistance ? Quelles nuances et quelles distinctions nos maîtres y vont-ils établir ? Quelle part de l'Allemagne littéraire faut-il désolidariser de l'Allemagne d'à-présent ?

Il s'agit de savoir si un apport venu d'Allemagne doit faire partie à quelque degré de la vie spirituelle d'un « honnête homme » moderne, et si cet « honnête homme » peut désormais, sans s'intoxiquer de subtils poisons, prendre quelque nourriture dans une substance allemande.

La pensée allemande est-elle nuisible ? A-t-elle prédisposé le peuple allemand à accomplir et à justifier les horreurs de Louvain, de Nomeny, de Gerbevillers, et quatre années de crime contre les lois mêmes de la guerre ? Porte-t-elle des germes que nous ne devons pas laisser fructifier dans le monde ? Faut-il renoncer à rien recevoir de salutaire d'un pays qui s'est ainsi compromis ?

Ce problème, la France n'en est pas à l'examiner pour la première fois. Après 1871, elle s'est déjà demandé si un discrédit ne devait pas atteindre le génie germanique. Renan, quand il reçut Cherbuliez à l'Académie, déclarait : « Ce que nous avons aimé était vraiment aimable, ce que nous avons admiré était admirable ». Mais il pensait que, s'il restait fidèle à une certaine Allemagne, l'Allemagne, elle, avait « proclamé un nouvel idéal », et, en conséquence, en même temps qu'il refusait de dédire rien de ce qu'il avait dit, il sous-entendait la nécessité de regarder en face, attentivement, le Germanisme nouveau, et d'y faire un triage.

Ce triage, il est vain de l'attendre de la Germanie elle-même. A nous de nous en préoccuper, à nous d'examiner la part du primitif et de l'inconscient, l'emprise des forces de la nature sur le règne humain, le fatalisme automatique de la destinée, les parties nocturnes de la vie, tous ces à-côtés troubles et insalubres que le Germanisme mêle à ses prestiges.

Ce serait appauvrir l'Occident que de dénier toute valeur à des éléments de vie sous prétexte qu'ils comportent une part de danger, mais ce danger existant, il nous faut nous prémunir contre, en nous efforçant d'isoler les éléments utiles des éléments nocifs.

Nul ne rêve d'établir une cloison entre les nations, pas plus entre leurs pensées qu'entre leurs produits matériels. Ce n'est pas possible et ce

n'est pas souhaitable. Mais il est nécessaire que
de hautes discussions contrôlent, en les inon-
dant de lumière, les valeurs intellectuelles que
l'Allemagne continue de nous proposer et que
sa victoire nous eût imposées.

Messieurs, il ne pouvait être question qu'à
cette heure, ici, aucun de nous tentât d'examiner ce problème immense, d'une intensité
tragique, et si plein de conséquences. Vous
voyez bien que je ne puis même pas en
énoncer toutes les données. Mais vous me per-
mettrez, mes chers et éminents confrères, de le
soumettre à votre jugement et de l'inscrire en
votre nom à l'ordre du jour des travaux urgents
de l'intelligence mondiale.

Sur ce problème on trouvera d'amples développe-
ments dans mes deux articles de la *Revue universelle*
des 1ᵉʳ et 15 janvier 1922 sous ce titre *Quelles limites
poser au germanisme intellectuel ?* Je tenais à toucher à
cette note capitale, au terme de ce bref exposé d'une
politique rhénane, pour bien établir que nous ne nous
plaçons pas au seul point de vue français. Il y a partout en ce moment de l'angoisse et des inquiétudes ;
le monde entier se rend compte que de grands problèmes se posent, non seulement dans la vie économique mais dans la vie intellectuelle. Le monde entier
est préoccupé de reconnaître quels sont ces problèmes
et puis de leur trouver une solution. Or il semble bien
qu'au milieu de cette préoccupation il n'y ait pas seulement en France mais encore dans les autres nations
une attirance vers le Rhin. On sent en général, même
dans les nations les moins favorables à la politique
rhénane, une sorte de pressentiment que c'est sur les

bords du Rhin que devra s'élever la haute discussion d'où apparaîtront quelques lumières et quelques apaisements.

C'est sur ce regard que je veux terminer. Il ouvre un admirable champ d'études. La guerre mondiale est née de conflits d'idées et d'obscurités d'idées. Nous devons maintenant réviser et classer les idées. Je crois qu'on en a nt la nécessité et la possibilité, plus que partout ailleurs, sur le Rhin.

TABLE DES MATIÈRES

Imprimerie BUSSIÈRE. — St-Amand (Cher)